스크래치

문제해결을 위한
컴퓨팅 사고

스크래치

문제해결을 위한
컴퓨팅 사고

목원대학교 스톡스대학 SW교양학부

INFINITYBOOKS
인피니티북스

머리말

1950년 영국의 수학자 앨런 튜링이 '생각하는 기계'의 구현 가능성을 논문에 발표하면서 시작된 인공지능은 오늘날 인간의 능력을 넘어서는 연산은 물론, 음성인식을 통해 자연어를 분석하고 추론하는 수준까지 발전하였습니다.

컴퓨터가 일상에서 많은 문제를 해결하는 필수적인 도구가 되면서 최근 컴퓨팅 사고는 컴퓨터 과학자뿐만 아니라 모든 사람이 가져야 할 능력으로 인식되고 있습니다.

컴퓨팅 사고(Computational Thinking)는 복잡하고 어려운 문제를 분해, 추상화, 패턴인식, 알고리즘 등 컴퓨터 과학의 기본 원리를 적용하여 창의적이고 논리적으로 문제를 해결하고자 하는 사고방식입니다.

이 책은 스크래치를 배우면서 컴퓨팅 사고를 함양할 수 있도록 집필하였습니다. 컴퓨팅 사고의 기본 개념을 적용하여 문제를 분석 및 설계하며 스크래치를 통해 구현하는 문제해결 전체 과정을 학습할 수 있도록 구성하였습니다.

1장에서 컴퓨팅 사고의 기본 개념을 설명하며, 2장~11장에서 스크래치를 체계적으로 학습하고, 12장~13장에서 스크래치를 이용하여 컴퓨팅 사고를 통한 문제해결 실습을 할 수 있도록 구성하였습니다. 이 책의 주요 특징은 다음과 같습니다.

프로그래밍 언어에 입문하는 학습자에게 좋은 가이드가 될 것입니다.
스크래치는 프로그래밍 언어에 입문하는 학습자에게 쉽고 재미있게 다가갈 수 있는 교육용 프로그래밍 언어이면서 프로그래밍 언어의 구성요소들을 체계적으로 학습할 수 있는 좋은 도구입니다.

풍부한 예제를 통한 코딩의 기초를 다질 수 있습니다.
각 장은 본문에서 스크래치의 기초 개념을 익힐 수 있도록 기본 예제를 구성하였고, 실습문제와 응용문제에서 기초 개념을 한 단계 업그레이드할 수 있는 문제를 구성하였습니다.

컴퓨팅 사고를 이해하고 스크래치를 이용하여 문제해결 과정을 학습할 수 있습니다.
컴퓨팅 사고의 기본적인 개념을 바탕으로 문제 분석과 프로그램 설계 및 스크래치로 자동화까지 문제해결 전체 과정을 학습합니다. 게임 만들기 프로젝트에서는 창의적으로 문제를 구성하여 컴퓨팅 사고를 적용하는 문제해결 프로젝트를 경험합니다.

이 책을 통해 컴퓨팅 사고를 깊게 이해하는 계기가 되기를 바라며 일상생활 속 문제를 해결하는 과정에서 컴퓨팅 사고를 지속적으로 배양할 수 있기를 바랍니다.

2021년 1월
저자 일동

차례

COMPUTATIONAL THINKING
Using SCRATCH

CHAPTER 01

컴퓨팅 사고와 문제해결

학습목표 ....

1. 컴퓨팅 사고의 개념을 이해한다.
2. 컴퓨팅 사고의 구성요소를 이해한다.
3. 컴퓨팅 사고 단계에 대해 설명할 수 있다.
4. 알고리즘과 프로그래밍 언어에 대해 이해한다.

학습목차 ....

1.1 컴퓨팅 사고의 이해

컴퓨터를 이용한 문제해결

1951년 UNIVAC-I은 미국 인구조사국(U.S. Census Bureau)에 설치되어 세계 최초의 상업용 컴퓨터로 공식 서비스를 시작했다. 인간의 일상적인 문제해결에 현대식 컴퓨터를 활용하기 시작한지 70여 년이 된 것이다. 현대 사회에서 이루어지는 많은 활동에서 컴퓨터의 활용은 점점 더 증가하고 있다. 인간의 능력을 넘어서는 컴퓨팅 성능과 문제를 해결하는 기술적 방법인 알고리즘을 기반으로 컴퓨터는 인간의 활동에 필요한 작업들을 인간을 대신하여 수행하고 있다.

조지 폴리아(George Polya, 1887~1985)는 문제해결을 문제 이해, 해결 계획 수립, 문제해결, 검토와 최종 점검 등 4단계로 제시하였고, 1980년대 이후 많은 학자들에 의해 문제해결 과정이 제안되었다. 그림 1-1은 일반적 문제해결 과정과 컴퓨터를 이용한 문제해결 과정을 제시한 것이다.

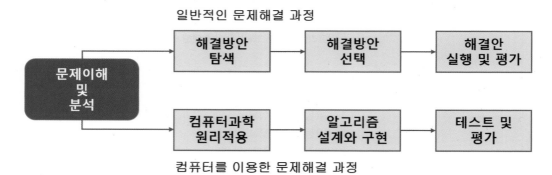

그림 1-1 일반적 문제해결 과정과 컴퓨터를 이용한 문제해결 과정

문제이해 및 분석은 문제의 핵심이 무엇인지를 정확하게 분석한 후 해결 가능한 방안을 생각해낼 수 있는 바탕을 마련하는 단계이다. 그림 1-1의 문제이해 및 분석 단계는 일반적 문제해결 과정과 컴퓨터를 이용한 문제해결 과정에서 큰 차이가 없다. 그러나 해결방안을 탐색하고 실행하는 데 있어서 컴퓨터를 이용한 문제해결 과정과 일반적 문제해결 과정은 차이가 있다. 이와 같이 컴퓨터 과학의 원리를 적용하여 문제를 해결하고자 하는 사고, 즉 컴퓨터 과학자들처럼 컴퓨터의 시각으로 문제를 바라보는 사고방식을 컴퓨팅 사고라고 한다.

컴퓨터 과학자들이 컴퓨터를 이용하여 문제를 해결할 때 흔히 사용하는 기법은 하나의 문제를 다루기 쉬운 문제로 분해하고, 같은 방법을 적용할 수 있는 패턴을 인식하며, 큰 틀에서 문제를 바라보고 구체적인 문제해결 절차를 도출하게 된다. 바로 이러한 사고의 관점을 컴퓨팅 사고라고 할 수 있다.

컴퓨팅 사고의 개념

컴퓨팅 사고(Computational Thinking)는 2006년에 당시 카네기 멜론 대학의 교수였던 지넷 윙(Jeannette M. Wing)이 발표한 'Computational Thinking' 논문에 의해 널리 알려지게 되었다.

❯ 컴퓨팅 사고   21세기에 대한 비전

21세기에 컴퓨팅 사고는 컴퓨팅 사고는 전 세계 모든 사람이 사용하는 기본 기술이 될 것입니다. 따라서 쓰기, 셈하기와 더불어 모든 어린이의 분석 능력에 컴퓨팅 사고를 추가해야 합니다. 컴퓨팅 사고는 컴퓨터 과학의 기본 개념을 활용한 문제해결, 시스템 설계 및 인간 행동의 이해를 포함합니다. 컴퓨터 과학자처럼 생각한다는 것은 컴퓨터를 프로그래밍 할 수 있는 것 이상을 의미하며 여러 수준의 추상화에서 생각할 수 있는 능력을 말합니다.

Jeannette M. Wing, 2015

Wing은 컴퓨팅 사고를 문제를 수립하고 해결책을 만들어 컴퓨팅 시스템을 통해 효과적으로 수행되도록 표현하게 하는 사고 과정이라고 했다. 컴퓨팅 사고는 컴퓨터에 의해 실행되든 인간에 의해 실행되든 컴퓨팅 처리의 파워와 한계에 기반한다. 즉, 컴퓨팅 사고는 컴퓨터 과학의 기본 개념 안에서 문제를 해결하고, 시스템을 설계하고, 인간의 행동을 이해할 수 있다는 것이다. 그러나 컴퓨팅 사고의 핵심은 프로그래밍이 아닌 개념화에 있음을 Wing은 강조하였다. 프로그래밍 도구를 능숙하게 다루는 것에 우선하여 개념화가 중요함을 의미하는 것이다. 다음은 Wing의 컴퓨팅 사고 주요 개념이다.

추상화와 자동화

컴퓨팅 사고는 문제해결을 위한 일종의 분석적 사고로 볼 수 있다. 컴퓨팅 사고의 본질은 추상화에 있으며, 초점을 두어야 할 세부사항과 무시해도 될 세부사항을 결정하는 추상화(abstraction) 과정은 컴퓨팅 사고의 핵심이다. 추상화는 문제를 분해할 수 있는 능력으로 복잡한 문제를 접근하기 쉽도록 적절하게 묘사하거나 세부사항을 알지 못하더라도 관련 있는 특징들을 모델링할 수 있는 사고를 말한다. 컴퓨팅 사고는 추상화와 분해를 통해 복잡한 시스템을 설계하거나 어려운 문제를 해결하는 것이다.

컴퓨팅 시스템을 통해 추상화를 구현하는 것을 자동화(automation)라고 한다. 컴퓨팅 사고를 깊게 하면 매우 복잡한 시스템을 모델링할 뿐만 아니라 이러한 시스템을 통해 수집하고 생성되는 방대한 양의 데이터를 분석하는데 도움이 된다. 데이터 표현 및 처리를 위한 추상화를 통해서 데이터 내부에 숨겨져 있거나 데이터 전체에 퍼져있는 지식을 추출할 수 있다. Wing은 추상화 및 자동화와 더불어 컴퓨팅 사고에서 다음과 같은 개념이 중요하다고 강조하였다.

개념화 *Conceptualization*

단순히 소스코드를 프로그래밍하는 시각에서 접근하지 않고, 분석, 개요 설계, 상세 설계, 코딩 등의 여러 단계의 추상화 시각에서 접근할 수 있는 사고를 의미한다.

재귀적 사고 *Recursive Thinking*

문제에 대한 해법을 찾은 이후 동일한 해법을 문제해결에 완전히 성공할 때까지 계속 반복적으로 적용할 수 있는 사고를 의미한다.

병렬 처리 *Parallel Processing*

통합적인 시각에서 문제를 병렬로 또는 순차적으로 수행하는 방법을 파악하고 처리할 수 있는 것을 의미한다. 컴퓨팅 사고는 전혀 새로운 개념이 아니고 일상생활에서 또는 컴퓨터를 이용한 작업에서 볼 수 있는 문제해결 원리들을 모아 놓은 것으로 기존에 존재하던 내용들이다.

영국 BBC 교육 웹사이트 Bitesize는 컴퓨터 과학 분야에서 알고리즘이나 프로그래밍에 우선하여 컴퓨팅 사고를 배워야 함을 제시하고 있다.

컴퓨팅 사고는 복잡한 문제를 일련의 작고 관리하기 쉬운 문제로 나누고(분해) 이전에 비슷한 문제가 어떻게 해결되었는지 문제 간의 유사성 찾기(패턴 인식)를 포함한다. 또한 문제의 중요한 정보에만 집중하고 관련 없는 세부 사항을 무시(추상화)하면서 작은 문제를 개별적으로 살펴볼 수 있다.

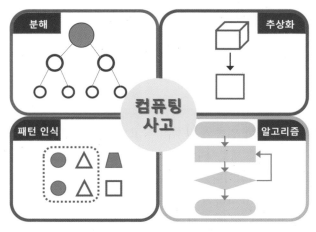

그림 1-2 **컴퓨팅 사고의 개념**

그런 다음 각각의 작은 문제를 해결하기 위한 간단한 단계 또는 규칙을 설계(알고리즘)할 수 있다. 그림 1-2와 같이 BBC는 컴퓨터를 이용한 문제해결의 기본 원리로 분해, 패턴 인식, 추상화, 알고리즘 등 4가지 핵심 개념을 제시하였다. 또한 컴퓨팅 사고의 이 4가지 핵심 개념을 올바르게 적용하면 컴퓨터 프로그래밍할 때 도움이 된다고 말한다.

마지막으로, 해결 방안을 프로그래밍하기 전에 평가를 통해서 문제를 적절하게 충족시키고 효율적으로 수행하는지 확인하는 것이 중요하다.

분해

컴퓨팅 사고에서 분해는 문제를 분석해서 이해하고 이를 알기 쉬운 단위의 문제로 나누어 구조화할 수 있는 사고 능력을 말한다. 하나의 복잡한 문제를 분석해보면 여러 개의 작은 문제들로 구성되어 있는 경우가 있다. 이 경우 각각의 작은 문제들을 해결하여 전체 문제를 해결할 수 있다. 또한 큰 문제를 작은 문제들로 구분하였을 때 문제의 속성을 면밀히 파악할 수도 있다.

> **컴퓨팅 사고** **코로나 백신 구매 문제의 분해**

코로나-19가 1년 이상 지속되고 있는 가운데 세계 각국은 코로나 백신 구매를 결정하려고 한다. 백신 구매를 결정하는 것은 많은 문제들을 복합적으로 고려해야 한다. 다음의 작은 문제들로 나뉜다. 문제를 분해할 때의 핵심 요소가 무엇인지 파악해보자.

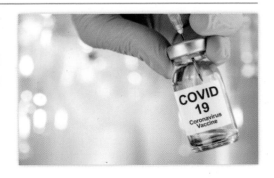

1. 백신의 효과는 어떠한가?
2. 부작용 문제는 없는가?
3. 구입 가격은 적정한가?
4. 편의성(맞는 횟수 등) 측면은 어떠한가?
5. 유통 방식(저온 유통 등)에 문제는 없는가?

예를 들어, ATM 시스템을 분해해보면 입금, 출금, 계좌이체, 잔액조회, 통장정리 등으로 분해할 수 있다. 문제를 분해할 때 분해의 핵심 요소가 무엇인지 파악하는 것이 중요하며, 분해를 위해서는 추상화가 전제 되어야 한다.

추상화

추상화란 세부사항을 제거하여 간결하게 만드는 것이다. 문제에서 불필요한 세부사항을 제거함으로써 문제의 본질을 쉽게 파악하도록 하는 작업이다. 추상화는 특정 관점이나 주관에 따라 핵심적인 내용들만 뽑아내서 전체를 표현하는 과정으로 백화점과 주유소의 고객 추상화, 자동차 판매회사와 자동차 보험회사의 자동차 추상화, 동일한 책일지라도 도서관에서의 책과 인터넷 서점에서의 책은 다르게 추상화될 수 있다. 추상화를 위해서는 문제에 주어진 데이터 또는 추상화할 시스템을 완벽하게 이해할 필요가 있다.

〉컴퓨팅 사고   은행 ATM 기기 추상화

ATM 기기의 세부사항은 제거하고 ATM 기기의 핵심요소가 무엇인지 파악하고
핵심적인 요소(특성)를 추출하여 정의해보자.

1. 입금하기
2. 출금하기
3. 잔액조회하기
4. 계좌이체하기
5. 통장정리하기

패턴인식

패턴인식은 주어진 문제를 분해하기 위해 혹은 분해된 문제들의 유사성을 찾기 위한 과정 즉
유사한 것들을 모아서 풀이 가능한 단위로 묶어 하나의 해결책을 만드는 것을 의미한다. 문제
를 잘게 나눈 후 이 문제를 풀기 위한 공통적인 부분을 찾아 해결방안을 도출해낸다면 이후에
나오는 유사한 문제들은 동일한 해결책을 적용할 수 있다. 이 공통적인 부분을 프로그래밍에서
는 함수라고 할 수 있다.

〉컴퓨팅 사고   피보나치 수열의 패턴

수학자 레오나르도 피보나치는 그의 저서 「산반서」에서 토끼의 번식에 관한 문제를 다루었다. 첫 달에 태
어난 암수 토끼 한 쌍이 있는데 두 달이 지난 토끼는 번식이 가능하여 매달 한 쌍을 낳는다고 할 때, 일
년 뒤 토끼는 몇 쌍이 되는지를 구하는 문제에서 이 수열을 소개하였다.

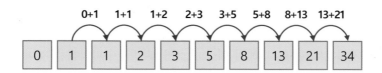

피보나치 수열은 해바라기의 씨앗 배열, 솔방울의 씨앗 배열 등 다양한 곳에서 발견할 수 있다. 꽃들의
꽃잎은 네잎 클로버와 같이 돌연변이가 아니면, 1장, 3장, 5장, 8장, 13장 등 피보나치 패턴의 꽃잎을 가
지고 있다.

알고리즘

알고리즘은 주어진 문제를 해결하기 위한 단계적인 절차나 방법을 표현한 것을 말한다. 분해나 추상화, 패턴 인식을 통해 문제해결 방법을 찾았다면 그 절차를 알고리즘으로 표현할 수 있다. 또한 알고리즘은 프로그램을 보다 효율적으로 작성하기 위한 개념적 설계이다.

〉컴퓨팅 사고   라면을 맛있게 끓이는 알고리즘

라면 제조사는 라면을 가장 맛있게 먹을 수 있는 표준 레시피를 제공한다. 이 레시피는 라면을 끓이기를 완성하는 단계적 방법, 즉 알고리즘에 해당한다. 일상생활에서 문제를 풀기 위한 단계적 방법은 가구 조립 설명서, 전자제품 사용 설명서 등 매우 다양하다. 제조사가 제공하는 라면을 맛있게 끓이는 알고리즘을 기술해보자.

1. 물 550ml(3컵 정도)에 건더기 스프를 넣고 물을 끓인다.
2. 면과 분말 스프, 후레이크를 같이 넣고 4분 30초 더 끓인다.
3. 별첨 스프를 넣고 취향에 따른 토핑을 올려서 먹는다.

1.2 컴퓨팅 사고의 구성요소

컴퓨팅 사고의 핵심 개념과 구성 요소를 구분하는 것은 컴퓨팅 사고를 구분할 때 추상화는 문제해결을 위해 사고하는 과정 전반을 의미하지만, 세부 구성 요소에 포함되는 추상화는 문제해결에 필요한 핵심 요소를 선정하고 복잡함을 줄이는 단계라는 차이점이 있다. 표 1-1은 Wing, CSTA & ISTE[1], BBC Bitesize에서 제시한 컴퓨팅 사고의 구성 요소를 나타낸 것이다.

표 1-1 컴퓨팅 사고의 구성 요소

Wing	CSTA & ISTE	BBC
추상화(Abstraction)	자료 수집(Data Collection)	분해(Decomposition)
	자료 분석(Data Analysis)	
	자료 표현(Data representation)	
	문제 분해(Problem Decomposition)	
	추상화(Abstraction)	패턴 인식(Pattern recognition)
		추상화(Abstraction)
	알고리즘과 절차화(Algorithms & Procedures)	알고리즘(Algorithms)
자동화(Automation)	시뮬레이션(Simulation)	평가(Evaluation)
	병렬화(Parallelization)	프로그래밍(Programming)
	자동화(Automation)	

여러 단체나 연구자가 제시한 컴퓨팅 사고 구성 요소를 보면, 4가지 컴퓨팅 사고의 핵심 개념을 포함하여 문제 분석과 관련된 자료 수집, 분석, 표현과 컴퓨터 프로그래밍과 관련된 병렬화, 자동화를 포함한다. 각 구성 요소의 개념은 다음과 같다.

데이터 수집 *data collection*
문제 이해 및 분석을 바탕으로 문제해결을 위한 데이터를 모으는 단계로 이후의 활용을 위해 정보를 모으는 과정과 저장된 형태를 포함한다.

데이터 분석 *data analysis*
수집된 데이터와 문제에 주어진 데이터로부터 필요한 결과를 도출하기 위해 데이터를 분석하는 단계이다.

[1]CSTA(Computer Science Teachers Association) & ISTE(International Society for Technology in Education)

데이터 표현 *data representation*

문제를 해결하는 데 필요한 데이터를 적절한 그래프, 차트, 텍스트, 이미지 등을 이용하여 데이터를 직관적으로 표현하는 단계이다.

분해 *decomposition*

하나의 큰 문제나 절차, 데이터 모음, 상황, 조건을 다루기 쉬운 작고 단순한 단위로 나누는 과정으로 문제를 해결 가능한 수준의 작은 문제로 분해하는 것이다.

패턴 인식 *pattern recognition*

데이터나 문제 내에 있는 패턴, 반복 형태, 이전의 유사한 패턴, 규칙성을 도출한다.

추상화 *abstraction*

컴퓨팅 사고의 본질은 추상화이다. 추상화는 현상을 분석하거나 문제를 해결하기 위해 필요한 데이터를 수집 및 분석하고 문제해결에 필요한 요소를 선정해 문제해결 모델을 구축하는 것을 말한다.

알고리즘 설계 *algorithm design*

문제를 해결하는 방법이나 작업을 수행하는 절차를 정의한다. 문제를 해결하기 위해 수행되는 일련의 단계를 말한다.

시뮬레이션 *simulation*

현실적인 제약에 의해 실제의 상황을 축소 또는 다른 방법으로 만든 모델을 실행시켜 결과를 확인하는 과정이다.

병렬화 *parallelization*

문제를 해결하기 위한 작업을 동시에 수행하도록 구성하는 것으로 서로 간섭하지 않거나, 선후 관계가 없는 작업을 동시에 수행한다.

자동화 *automation*

자동화는 컴퓨팅 시스템에서 수행할 수 있는 형태로 구현하는 것을 말한다.

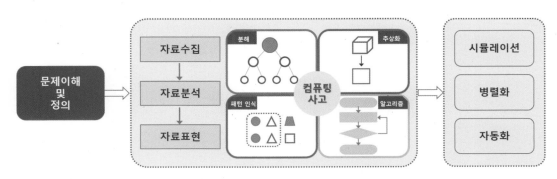

그림 1-3 컴퓨팅 사고의 단계

컴퓨팅 사고가 프로그래밍을 의미하는 것은 아니다. 프로그래밍은 인간이 컴퓨터에게 무엇을 하고 어떻게 해야 하는지 알려주는 것이며, 컴퓨팅 사고를 통해 인간은 컴퓨터가 해야 할 일을 정확히 파악할 수 있도록 하는 것이다. 복잡한 문제를 우리가 쉽게 이해할 수 있는 것으로 바꿀 수 있다는 것은 매우 유용한 기술이다. 실제 컴퓨팅 사고는 여러분이 이미 일상에서 하고 있고 아마도 매일 사용하는 기술일 것이다.

1.3 알고리즘과 프로그래밍 언어

추상화, 분해, 패턴인식으로 문제해결 방법을 찾았다면 이를 알고리즘으로 만들어야 한다. 알고리즘은 문제를 해결하기 위한 일련의 절차나 방법을 공식화한 형태로 표현한 것으로 알고리즘을 컴퓨터가 이해할 수 있는 컴퓨터 명령어로 변환하여 작성한 것을 프로그램이라고 한다. Wing은 컴퓨팅 사고의 개념을 가르치는데 도구인 컴퓨팅 기계가 우선되지는 않으나 추상화를 실현하고 프로그래밍 기술 습득을 통해 자신의 추상화를 자동화할 수 있는 있다고 강조한다.

이번 절에서는 알고리즘을 표현하는 방법과 프로그래밍 언어에는 어떠한 것들이 있는지 살펴볼 것이다.

알고리즘 기술 방법

알고리즘이란 주어진 문제를 어떻게 해결할 것인지에 대해 그 방법과 절차를 기술한 것이다. 알고리즘은 요리를 할 때 필요한 재료와 요리 순서를 적어놓은 레시피와 같이 문제를 해결하기 위한 단계적인 작업을 기술한 것이다. 레시피에는 재료의 종류와 양뿐만 아니라 작업의 순서도 나와 있다. 또한 요리 레시피를 글로 작성하기도 하고, 가독성을 높이는 그림이나 사진을 사용하여 작성할 수도 있다. 알고리즘을 표현하는 대표적인 방법은 자연어, 순서도, 의사코드, 프로그래밍 언어를 사용하는 방법이 있다.

자연어

자연어는 사람들이 일상생활에서 의사소통에 사용하는 언어를 말한다. 자연어로 알고리즘을 표현하는 것은 일상적인 언어로 문제해결 과정을 순서대로 나열하는 것을 말한다. 따라서 쉽게 표현할 수 있지만 모호하게 표현하기 쉽다는 단점이 있다. 다음은 로봇청소기의 청소 알고리즘을 자연어로 표현한 것이다.

```
시작
    본체에서 나와 방향을 180도 회전한다.
    청소 영역을 설정한다.
    앞으로 이동한다.
    장애물이 있으면 왼쪽인지 오른쪽인지 판단한다.
    왼쪽에 장애물이 있으면 뒤로 물러나서 오른쪽으로 회전한다.
    오른쪽에 장애물이 있으면 뒤로 물러나서 왼쪽으로 회전한다.
    장애물이 없으면 앞으로 이동한다.
종료
```

순서도

순서도는 기호와 선을 사용하여 문제해결 과정을 표현하는 방법이다. 순서도로 알고리즘을 표현하면 작업의 전체적인 구조 흐름을 한 번에 파악할 수 있지만 매우 복잡한 프로그램의 경우 순서도로 알고리즘을 작성하기 어렵다는 단점이 있다.

표 1-2 순서도의 기호

기호	명칭	설명
	단말	순서도의 시작과 종료를 나타낸다.
	흐름선	순서도 기호 간의 연결 및 작업의 흐름을 표시한다.
	준비	기억 장소, 데이터 초기화 등 작업 준비 과정을 나타낸다.
	처리	처리해야 할 작업을 나타낸다.
	판단	조건을 판단하여 '예' 또는 '아니오'로 이동한다.
	입출력	데이터의 입력과 출력을 나타낸다.
	문서	출력장치를 통한 출력을 나타낸다.

일상생활에서 알고리즘의 예는 매우 다양하다. 다음은 커피 자판기의 알고리즘을 순서도로 표현한 것이다.

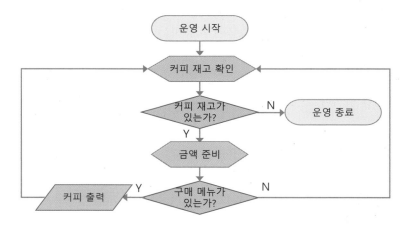

그림 1-4 순서도로 표현한 커피 자판기 알고리즘

다음은 앞에서 자연어로 표현한 로봇청소기의 알고리즘을 순서도로 표현한 것이다.

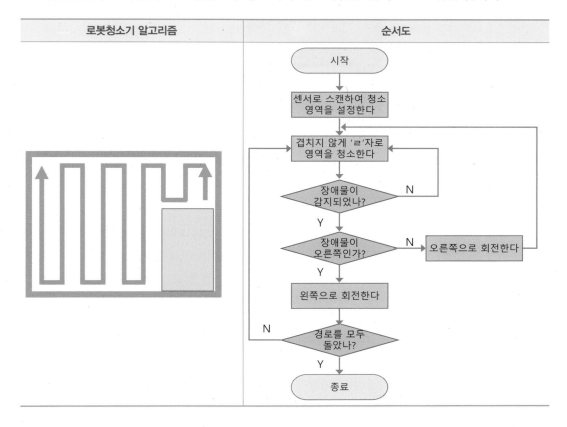

로봇청소기 알고리즘	순서도

의사코드

다음은 Hello world~를 10번 출력하는 알고리즘을 의사코드로 작성한 것이다. 프로그래밍 언어와 유사하지만 문법에 자유로워 작성이 쉽다.

```
i ← 0
    while i < 0
    print "Hello world~"
    i = i + 1
endwhile
```

그림 1-5 의사코드로 표현한 알고리즘

프로그래밍 언어

의사코드로 작성한 알고리즘은 다양한 프로그래밍 언어로 알고리즘을 기술할 수 있다. 다음은 스크래치로 Hello world~를 10번 출력하는 알고리즘을 표현한 것이다.

그림 1-6 스크래치 언어로 표현한 알고리즘

프로그래밍 언어의 구분

프로그래밍 언어는 컴퓨터에게 작업을 지시하기 위해 사용하는 언어를 말한다. 한국어, 영어, 불어, 독일어와 같이 다양한 언어가 있듯이 컴퓨터 프로그래밍 언어도 기계어, 어셈블리어, C, C++, 자바, 파이썬, 스크래치 등 다양한 언어가 있다. 이러한 프로그래밍 언어들은 자연어에 가까운 정도, 실행 방식 또는 프로그래밍 방식에 따라 다음과 같이 나눠질 수 있다.

저급 언어와 고급 언어

고급언어란 사람이 이해하기 쉬운 자연어에 가깝게 만들어진 컴퓨터 프로그래밍 언어이고, 저급언어에 비해 프로그래밍하기가 쉬워 가독성 및 생산성이 높다. 또한 저급언어와는 다르게 특정 컴퓨터와 관계없이 독립적으로 프로그램을 만들 수 있다. 하지만 기계어로 변환하는 동안 시간이 소요되며 프로그램 크기가 더 크다. 고급언어를 컴퓨터 언어인 기계어로 변환하기 위해 컴파일러와 인터프리터 등이 있다

저급언어란 컴퓨터가 이해하기 쉬운 이진법으로 이루어진 언어이다. 0과 1로만 이루어져있어 컴퓨터가 바로 이행할 수 있지만 인간은 이해하기 어려우며 가독성 및 생산성이 낮다. 하지만 프로그램 속도가 빠르며 프로그램 크기도 더 작다. 기계어를 사람들이 이해할 수 있는 문자 형태로 1:1 변환하기 위해 어셈블리어를 사용한다

컴파일러 언어와 인터프리터 언어

인터프리터 언어는 원시코드(프로그래머가 작성한 소스코드)를 기계어로 변환하는 과정없이 한 줄 한 줄 해석하여 바로 명령어를 실행하는 언어를 말한다. R, Python, Ruby와 같은 언어들이 대표적인 인터프리터 언어이다.

컴파일 언어는 원시코드를 모두 기계어로 변환한 후에 기계(JVM 같은 가상 머신)에 넣고 기계어 코드를 실행한다. 소스코드를 기계어로 번역하는 빌드 과정에서는 인터프리터 언어에 비해 시간이 소요된다. 하지만 런타임 상황에서는 이미 기계어로 모든 소스코드가 변환되어 있기 때문에 빠르게 실행할 수 있다. 대표적인 언어로 C, C++이 있다.

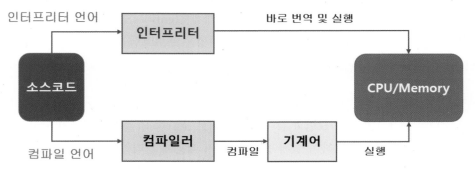

그림 1-7 인터프리터 언어와 컴파일 언어 비교

절차지향 언어와 객체지향 언어

절차지향 언어는 위에서 아래로 순차적인 처리가 중요시 되며 프로그램 전체가 유기적으로 연결되도록 만드는 프로그래밍 기법이다. 대표적인 절차지향 언어는 C언어가 있다. 이는 컴퓨터의 작업 처리 방식과 유사하기 때문에 객체지향 언어를 사용하는 것에 비해 실행속도는 빠를 수 있지만 프로그램이 복잡해지면 유지보수가 어렵다.

절차지향 언어는 데이터를 중심으로 함수를 구현하는 반면, 객체지향 언어는 기능을 중심으로 메서드(함수)를 구현한다. 1960년대 개발된 Simula 언어는 현대의 객체지향 특성을 대부분 가지고 있었으나, 1990년대 초반까지 시뮬레이션 프로그램 외의 응용 프로그램에서 객체지향 접근법은 거의 사용하지 않았다. 1990년대에 들어서 C++, Java와 같은 객체지향 프로그래밍 언어가 널리 사용되기 시작하였다.

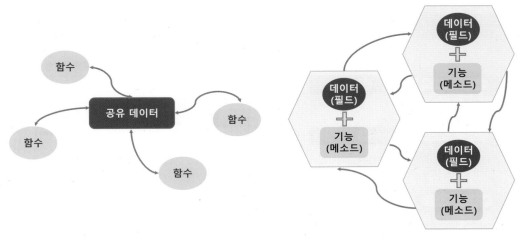

그림 1-8 절차지향 언어와 객체지향 언어의 특징

객체지향 프로그래밍은 객체, 클래스, 캡슐화, 상속, 다형성과 같은 그것의 고유한 용어가 있다. 이 용어들은 객체지향 프로그래밍의 주요 설계 원리와도 연관되는 개념이다. 객체지향 접근법의 가장 매력적인 특성은 객체가 실세계의 개체들(entities)을 표현하는데 상당히 효율적으로 사용될 수 있다는 점이다. 객체지향 프로그래밍은 프로그램을 단독으로 또는 서로 상호작용할 수 있는 유사하게 구성되는 객체로 보는 방법론이다.

텍스트 코딩 언어와 블록 코딩 언어

블록 코딩은 표 1-3의 왼쪽 그림과 같이 고급언어로 코드를 일일이 입력하지 않고도 만들어져 있는 프로그램 블록을 조립하여 쉽게 만들 수 있기 때문에 편리하다. 대표적인 블록 코딩 언어로는 엔트리, 스크래치와 안드로이드 앱 제작에 사용하는 앱 인벤터 등이 있다.

텍스트 코딩 언어를 따로 분류하지는 않지만 블록 코딩 언어들이 등장하면서 에디터라 부르는 입력 창에 키보드로 직접 모든 프로그래밍 명령어를 입력하는 방식을 텍스트 기반의 프로그래밍 언어로 볼 수 있다. 파이썬, C, C++, 자바 등 대부분의 프로그래밍 언어들은 텍스트 기반의 프로그래밍 언어이다.

표1-3 블록 코딩 언어와 텍스트 코딩 언어

블록 코딩 언어(스크래치)	텍스트 코딩 언어(파이썬)
| 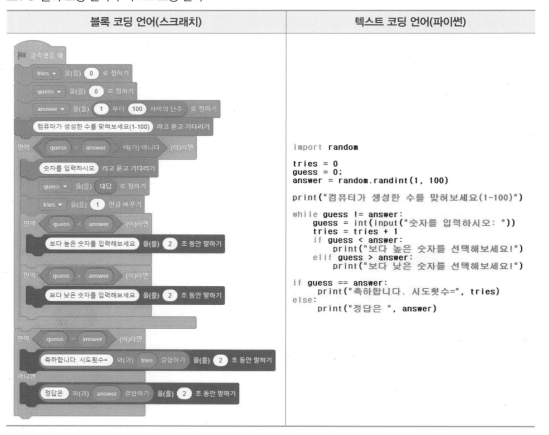 | ```
import random

tries = 0
guess = 0;
answer = random.randint(1, 100)

print("컴퓨터가 생성한 수를 맞혀보세요(1-100)")

while guess != answer:
    guess = int(input("숫자를 입력하시오: "))
    tries = tries + 1
    if guess < answer:
        print("보다 높은 숫자를 선택해보세요!")
    elif guess > answer:
        print("보다 낮은 숫자를 선택해보세요!")

if guess == answer:
    print("축하합니다. 시도횟수=", tries)
else:
    print("정답은 ", answer)
``` |
```

실습문제 ①

한 번도 가본 적이 없는 장소에서 친구들과 만나기로 약속을 했다면 집에서 출발하기 전에 미리 경로를 계획해보아야 할 것이다. 경로를 계획할 때 추상화, 분해, 패턴인식, 알고리즘 등의 컴퓨팅 사고 개념을 2가지 이상 적용하여 문제를 해결해보시오.

실습문제 ②

여름 방학동안 친구들과 유럽 여행을 계획하고 있다. 추상화, 분해, 패턴인식, 알고리즘 등의 컴퓨팅 사고 개념 중에서 2가지 이상 적용하여 모두가 즐거운 여행을 계획해보시오.

1. 컴퓨팅 사고의 핵심 개념 중에서 복잡한 문제를 다루기 쉬운 작은 단위로 나누는 것을 무엇이라고 하는가?

   ❶ 문제 분석   ❷ 추상화   ❸ 분해   ❸ 패턴인식

2. 컴퓨팅 사고의 핵심 개념 중에서 문제해결을 위한 핵심 요소를 파악하고 복잡함을 단순화하는 것을 무엇이라고 하는가?

   ❶ 추상화   ❷ 분해   ❸ 패턴인식   ❸ 알고리즘

3. 다음에서 제시된 컴퓨팅 사고의 구성요소를 구체적으로 설명하시오.

기호	의미
❶ 데이터 분석 및 표현	
❷ 추상화	
❸ 분해	
❹ 패턴인식	
❺ 알고리즘	
❻ 시뮬레이션	
❼ 자동화	

4. 다음 순서도 기호에 대한 의미를 설명하시오.

기호	의미
❶	
❷	
❸	
❹	
❺	

5. 인터넷 쇼핑몰에서 물건을 사는 과정을 순서도로 표현해보자.

COMPUTATIONAL THINKING
Using SCRATCH

스크래치 소개

학습목표

1. 스크래치 가입과 실행하는 방법을 익힌다.
2. 스크래치 프로그래밍 환경에 대해 이해한다.
3. 스크래치 블록의 종류에 대해 살펴본다.
4. 스크래치 프로그래밍 과정을 이해한다.

학습목차

2.1 스크래치 가입과 실행
2.2 스크래치 프로그래밍 환경
2.3 스크래치 프로그래밍 따라 해보기

2.1 스크래치 가입과 실행

스크래치는 MIT 미디어랩의 Lifelong Kindergarten Group에서 개발한 교육용 프로그래밍 언어이다. 원래 초중학생들의 컴퓨터 프로그래밍 능력과 컴퓨터를 활용하여 창의적으로 문제를 해결하거나 프로젝트를 설계할 수 있는 능력 향상을 목표로 개발되었지만, 현재는 세계 각국의 다양한 스크래치 사용자들이 활동하고 있다. 스크래치를 이용하여 인터랙티브 스토리, 애니메이션, 예술, 게임, 음악, 튜토리얼 등을 만들 수 있고, 그림 2-1과 같이 그 작품들을 다른 스크래치 사용자들과 공유할 수도 있다.

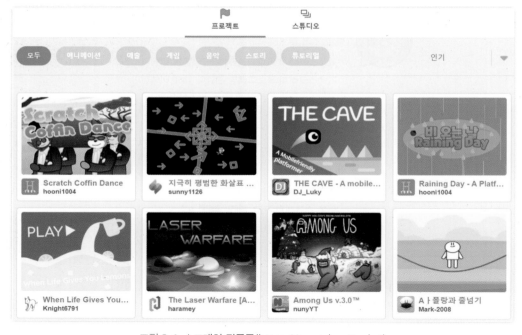

그림 2-1 스크래치 작품들(https://scratch.mit.edu/)

스크래치 설치

스크래치 프로그램을 작성하기 위해서는 온라인 또는 오프라인 에디터를 사용한다. 오프라인 에디터는 스크래치를 내 컴퓨터에 설치하여 사용하는 방법이고, 온라인 에디터는 스크래치 가입을 통해 웹 브라우저에서 직접 프로그램을 작성하고 실행하는 방법이다. 스크래치를 설치하기 위해 스크래치 홈페이지(https://scratch.mit.edu/)로 이동한다.

1. 스크래치 홈페이지 하단의 [지원]에서 [다운로드]를 클릭한다.

그림 2-2 스크래치 홈페이지(다운로드)

2. 다운로드된 Scratch Desktop Setup 3.6.0.exe 파일을 실행하여 그림 2-3의 (a), (b)와 같이 스크래치를 설치한다.

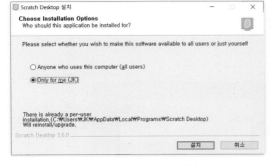

그림 2-3(a) 스크래치 설치   그림 2-3(b) 스크래치 설치

3. 설치가 완료되면 바탕화면에 Scratch Desktop 아이콘이 생성된 것을 확인할 수 있다. 그림 2-4는 오프라인 에디터 Scratch Desktop의 실행 화면이다.

그림 2-4 Scratch Desktop 실행 화면

스크래치 가입

온라인 에디터를 사용하기 위해서는 홈페이지에서 스크래치 가입을 해야 한다. 웹 브라우저를 사용할 때, 인터넷 익스플로러에서는 스크래치 3.0이 지원되지 않으므로 크롬이나 엣지, 파이어폭스, 사파리와 같은 브라우저에서 실행하도록 한다. 온라인 에디터는 [내 작업실], [개인 저장소] 메뉴와 작성한 프로젝트를 공유할 수 있다는 것 외에는 오프라인 에디터와 동일하게 사용한다.

1. 스크래치 홈페이지 상단의 스크래치 가입을 클릭한다. 이미 계정이 있다면 로그인 버튼을 눌러 스크래치를 시작할 수 있다.

그림 2-5 스크래치 홈페이지(스크래치 가입)

2. 스크래치 가입 버튼을 클릭하면 다음과 같은 가입 화면이 나타난다. 그림 2-6(a)~(f)까지 차례대로 안내에 따라 입력한다. 1단계는 사용자 이름(아이디)과 패스워드, 2단계는 국가, 3단계는 태어난 년 월, 4단계는 성별, 5단계로 이메일을 입력하면 계정이 생성되고 로그인 상태가 된다.

그림 2-6(a) 사용자 이름과 비밀번호

그림 2-6(b) 국가

그림 2-6(c) 태어난 년 월

그림 2-6(d) 성별

그림 2-6(e) 이메일

그림 2-6(f) 계정 생성

3. 스크래치 가입이 완료되면 계정이 생성된 것을 확인할 수 있고 [만들기]를 클릭하면 스크래치를 시작할 수 있다.

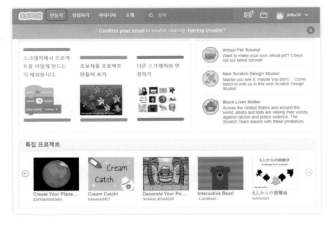

그림 2-7 스크래치 실행 화면

2.2 스크래치 프로그래밍 환경

스크래치 에디터

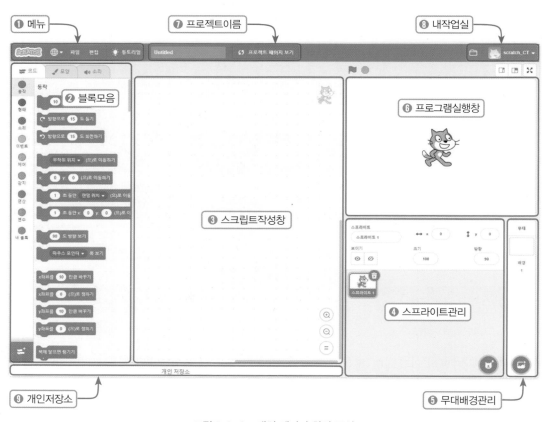

그림 2-8 스크래치 에디터 화면 구성

메뉴

메뉴에는 언어 설정, 파일/편집, 튜토리얼 검색, 프로젝트 이름 및 프로젝트 페이지로 이동이 있다. 프로젝트 페이지로 이동은 온라인 에디터의 메뉴이며 클라우드에 저장된 프로젝트 목록을 보여준다. 온라인 에디터에서 클라우드에 저장할 때는 [파일]의 저장하기를 선택하고 내 컴퓨터에 저장할 때는 컴퓨터에 저장하기를 선택한다.

블록 모음

블록 범주와 각 범주의 블록 모음이 있는 영역이다. 블록의 코드, 모양, 소리를 설정할 수 있다. 코드 탭은 스크래치에서 사용할 수 있는 다양한 블록들을 범주별로 구분하여 나타낸다. 모양 탭은 스프라이트의 모양이나 무대의 배경을 보여주며 모양을 추가하거나 편집할 수 있다. 소리 탭은 스프라이트나 무대에 삽입된 소리를 보여주며 소리를 추가하거나 편집할 수 있다.

스크립트 작성 창

스프라이트는 스크래치 프로젝트에서 움직이는 객체를 말한다. 스프라이트는 걷고, 말하고, 생각하고, 모양을 바꾸고, 소리를 내는 등의 행동을 할 수 있는 객체이다. 블록 모음에 있는 블록들을 서로 조립하여 스프라이트들의 스크립트를 작성한다.

스프라이트 관리

스프라이트 목록에서 스프라이트를 추가하거나 삭제할 수 있으며, 각 스프라이트의 위치, 크기, 방향 등 스프라이트 정보를 나타내고 설정할 수 있다.

무대 배경 관리

스프라이트가 움직이는 배경을 무대라고 볼 수 있다. 프로젝트의 무대를 구성하는 배경을 선택, 추가, 편집할 수 있다.

프로그램 실행 창

스프라이트와 무대에서 작성한 스크립트들을 실행하여 보여준다. 초록색 깃발(▶)은 프로젝트 실행 시작하기, 빨간색 버튼(⬤)은 프로젝트 실행 멈추기이다.

프로젝트 이름

작성하고 있는 스크래치 프로젝트의 이름을 정한다.

내 작업실

온라인 에디터에서 작성한 스크래치 프로젝트가 저장되는 공간이다. 프로젝트를 추가할 수도 있고 기존 프로젝트를 삭제할 수도 있다. 나만의 스튜디오를 만들어 프로젝트 파일들을 공유하고 다른 스크래치 사용자들과 온라인으로 소통할 수 있다.

개인 저장소

개인 저장소를 이용하면 이전에 만들었던 스프라이트를 저장해놓고 새로운 프로젝트 작업에서 사용할 수 있다. 이 때 스프라이트를 저장하면 모양, 무대 배경 등 스프라이트에 포함된 스크립트도 함께 저장된다.

스크래치 블록의 종류

스크래치 프로그래밍은 다양한 모양의 블록들을 조립하여 작성한다. 표 2-1에 제시된 바와 같이 스크래치 블록은 9개의 블록 범주로 구분되며 여기에 포함되지 않는 음악, 펜, 비디오 감지 등은 확장 기능 추가하기를 통해 사용해야 한다.

표 2-1 스크래치 블록 범주

블록 범주	설명
동작	스프라이트의 위치, 회전, 방향 등 동작과 관련된 블록들로 구성
모양	스프라이트의 말하기, 생각하기, 모양, 배경, 크기 등 형태와 관련된 블록들로 구성
소리	스프라이트의 소리 재생, 음원, 음량 조절, 소리 효과와 관련된 블록들로 구성
이벤트	깃발 클릭했을 때 등 특정 상황이 발생하였을 때 자신과 연결된 블록들을 실행하도록 하는 블록들로 구성
제어	조건, 반복, 멈춤 등 스프라이트의 실행 제어와 관련된 블록들로 구성
감지	특정 상황이 발생했는지 감지하는 블록들로 구성
연산	사칙연산, 난수, 관계연산, 논리연산, 문자열의 결합 등 연산과 관련된 블록들로 구성
변수	데이터를 저장하기 위한 변수 및 리스트의 생성 및 데이터 접근범위 등을 설정하는 블록들로 구성
나만의 블록	사용자가 원하는 기능을 갖는 블록을 생성
확장 기능 추가하기	음악, 펜 등 스크래치에서 이용할 수 있는 다른 확장 프로그램과 하드웨어를 연동할 수 있도록 해주는 블록들로 구성

표 2-1의 스크래치 블록 범주의 블록들은 블록 모양에 따라 다음과 같이 분류할 수 있으며 표 2-2와 같이 모양에 따라 사용 방법이 다르다.

표 2-2 스크래치 블록 모양

블록 모양	사용 방법
10 만큼 움직이기	블록 모음에서 가장 많은 유형으로 블록에 표기된 내용을 수행하는 블록이다. 내부의 타원형 부분은 데이터 블록과 결합하거나 임의의 값을 입력할 수 있다.
모양 번호 ▼ 음량	데이터(값) 블록들로 스프라이트 또는 무대와 관련된 데이터 값을 갖고 있는 블록이다. 블록 내부에 타원형 홈이 있는 블록들과 결합하여 사용할 수 있다.
클릭했을 때	이벤트 블록들로 블록 상단이 볼록하게 나와 있는 형태로 스크립트의 시작 부분에 사용되며, 아래쪽으로 다른 블록을 결합할 수 있다.
10 번 반복하기	내부에 다른 블록을 결합하여 사용하는 블록으로 블록의 해당 조건대로 내부의 블록을 실행하도록 하는 블록이다.
이 복제본 삭제하기	블록의 하단에 돌기가 없으므로 아래쪽으로 다른 블록을 결합할 수 없으며 마지막에 실행하고 종료한다.
그리고	숫자 및 문자열의 관계연산 블록, 특정 상황이 발생했는지 비교하는 감지 블록들과 결합하여 사용할 수 있다.

2.3 스크래치 프로그래밍 따라 해보기

스크래치 프로그래밍은 일반적으로 스프라이트가 움직이는 무대에 스프라이트를 추가하고 다양한 블록으로 스프라이트의 동작, 모양, 소리 등을 스크립트로 작성하는 작업이다. 이번 절에서는 스크래치를 실행하여 간단한 프로젝트를 작성하고 저장하기까지 따라 해보기를 통해 스크래치 프로그래밍 방법을 익혀보도록 하자.

동작과정

고양이가 나비에게 5초마다 '안녕'이라고 인사하고, 나비는 고양이 위쪽에서 계속 날갯짓을 한다. 나비의 날갯짓은 나비 스프라이트의 모양 바꾸기로 표현해보자.

스크래치 실행하기

온라인 에디터를 사용할 경우에는 웹 브라우저에서 https://scratch.mit.edu/로 접속한 후 [만들기] 메뉴를 클릭하여 스크래치 프로그래밍 화면으로 이동한다. 오프라인 에디터를 사용할 경우에는 컴퓨터에 설치된 Scratch Desktop을 실행한다. 그림 2-3의 오프라인 에디터 실행 화면과 그림 2-5의 온라인 에디터 계정 로그인을 참고하자.

무대 배경 선택하기

[무대 배경 관리 창]에서 ❶ [배경 고르기]를 클릭한 후, ❷ [배경 고르기 창]에서 Blue Sky를 클릭하면 무대 배경이 Blue Sky로 바뀐다.

스프라이트 추가하기

[스프라이트 관리 창]에서 ❶ [스프라이트 고르기]를 선택한 후 ❷ Butterfly 1을 클릭하면 스프라이트 목록에 추가된다.

[스프라이트 업로드하기]를 선택하면 PC에 저장된
스프라이트(이미지)를 가지고 올 수 있다. 스크래치
에서 저장하는 스프라이트 파일의 확장자는 sprite2
이지만 png, jpg 등 이미지 파일도 업로드할 수
있다.

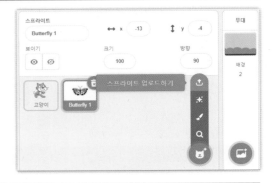

스프라이트 정보 변경하기

스프라이트의 이름, 위치 크기, 방향 등 스프라이트 정보는 스크립트를 통해 변경할 수도 있고,
[스프라이트 관리 창]에서 직접 변경할 수도 있다. 프로젝트를 작성할 때 스프라이트 이름은
구분하기 쉽고 기억하기 쉬운 이름을 사용하는 것을 권장한다. 현재 기본적으로 설정되어 있는
이름 '스프라이트 1'과 'Butterfly 1'을 '고양이'와 '나비'로 각각 변경해보자.

❶ 스프라이트 목록에서 '스프라이트 1'을 선택한다.
❷ 스프라이트 이름을 '고양이'로 입력하고 엔터키를 누른다.

❶ 스프라이트 목록에서 'Butterfly 1'을 선택한다.
❷ 스프라이트 이름을 '나비'로 입력하고 엔터키를 누른다.

스크립트 작성하기

고양이의 스크립트 작성

표 2-3 고양이의 스크립트에 사용된 블록

블록 범주	사용된 블록	실행 내용
이벤트	클릭했을 때	프로그램 실행 창에서 초록색 깃발(▶)을 클릭했을 때 프로젝트 실행 시작
동작	x -93 y -59 (으)로 이동하기	고양이 스프라이트를 X좌표: -93, Y좌표: -59(으)로 이동
제어	무한 반복하기	ㄷ자 내부의 블록 실행을 무한 반복하기
모양	안녕! 을(를) 2 초 동안 말하기	고양이 스프라이트가 지정한 문자(안녕!)를 말풍선에 출력
제어	5 초 기다리기	고양이 스프라이트 실행을 지정한 시간(5초)동안 멈추기

나비의 스크립트 작성

표 2-4 나비의 스크립트에 사용된 블록

블록 범주	사용된 블록	실행 내용
이벤트	클릭했을 때	프로그램 실행 창에서 초록색 깃발(▶)을 클릭했을 때 프로젝트 실행 시작
동작	x: 44 y: 60 (으)로 이동하기	나비 스프라이트를 X좌표: 44, Y좌표: 60(으)로 이동
	-90 도 방향 보기	왼쪽을 향하도록 −90도 방향 보기
	회전 방식을 왼쪽-오른쪽 ▼ (으)로 정하기	방향을 바꿀 때 거꾸로 회전하지 않도록 회전 방식을 왼쪽-오른쪽으로 정하기
제어	무한 반복하기	ㄷ자 내부의 블록 실행을 무한 반복하기
모양	다음 모양으로 바꾸기	나비 스프라이트에 모양을 다음 모양으로 바꾸기
제어	1 초 기다리기	나비 스프라이트 실행을 지정한 시간(1초)동안 멈추기

프로그램 실행하기

[프로그램 실행 창]에서 초록색 깃발(🏳)을 누르면 프로젝트 실행을 시작하고, 빨간색 버튼(🛑)을 누르면 프로젝트 실행을 멈춘다.

아래 그림은 프로젝트 실행 화면을 [기본 화면]에서 보여주고 있다. [작은 화면]을 선택하면 [프로그램 실행 창]이 작아지고 상대적으로 [스크립트 작성 창]은 넓어진다. [전체 화면]을 선택하게 되면 오프라인 에디터의 전체 화면 또는 온라인 에디터의 경우 웹 페이지 전체 화면에서 프로젝트를 실행한다.

프로젝트 저장하기와 불러오기

작성한 스크래치 프로젝트는 [내 작업실]이나 컴퓨터에 저장할 수 있다. [내 작업실]에 저장하기 위해서는 프로젝트 이름에 파일 이름을 입력하고 [저장하기] 메뉴를 선택한다. [컴퓨터에 저장하기] 메뉴를 선택하면 로컬 컴퓨터에 저장된다. 그림 2-9는 스크래치 에디터의 저장하기와 불러오기 메뉴를 보여주고 있다.

그림 2-9 프로젝트 저장하기와 불러오기

로컬 컴퓨터에 저장된 프로젝트는 [Load from your computer] 메뉴를 통해 불러오기 할 수 있다. 그림 2-10과 그림 2-11은 [내 작업실] 메뉴와 저장된 프로젝트 목록을 보여주고 있다. [내 작업실]에 저장된 프로젝트는 스크립트 보기를 클릭하여 불러오기 할 수 있다.

그림 2-10 [내 작업실] 메뉴

그림 2-11 [내 작업실]에 저장된 프로젝트

실습문제 1 안녕! 야옹아

온라인 또는 오프라인 스크래치 에디터를 실행하고 다음 블록들을 이용하여 프로젝트를 작성한 다음, [메뉴]의 [컴퓨터에 저장하기]에서 저장해보자.

동작과정

- 깃발을 클릭하면 고양이가 왼쪽에서 오른쪽으로 움직인다.

- 스프라이트가 움직일 때 안녕!을 말하고 야옹 소리를 낸다.

- 스프라이트가 무대 끝에 닿으면 방향을 바꾸어 움직인다.

스프라이트/무대	동작과정

스프라이트 1
 	
 고양이
	깃발을 클릭했을 때
	 ■ 크기를 80%로 정하기
	 ■ 10번 반복하기
	   ▶ 10만큼 움직이기
	   ▶ 안녕!을 2초 동안 말하기
	   ▶ 야옹 재생하기
	   ▶ 벽에 닿으면 튕기기
	   ▶ 회전 방식을 왼쪽-오른쪽으로 정하기

STEP 1   '스프라이트 1' 프로그래밍

❶ 스프라이트 크기 지정

- 스프라이트를 조금 축소하기 위해 크기를 80%로 정한다.

❷ 스프라이트 동작 구현

- 스프라이트가 움직이고, 말하고, 소리 내기를 반복한다.

- 방향을 바꿀 때 거꾸로 회전하지 않도록 회전 방식을 왼쪽-오른쪽으로 정한다.

STEP 2   프로젝트 저장하기

- [메뉴]의 [컴퓨터에 저장하기]를 선택한다.

- 파일이름: 2-2 안녕! 야옹아.sb3

실습문제 ② 보드워크에서 산책하는 소년과 고양이

보드워크에서 산책하는 소년과 고양이를 스크래치 프로젝트를 작성해보자.

동작과정

- 깃발을 클릭하면 고양이는 왼쪽에서 Avery Walking은 오른쪽에서 출발하게 한다.
- 각 스프라이트는 크기를 80%로 정한다.
- 각 스프라이트가 무대 끝에 닿으면 방향을 바꾸어 산책한다.

스프라이트/무대	동작과정
스프라이트 1 고양이	**깃발을 클릭했을 때** ■ 크기를 80%로 정하기 ■ x: −164, y: −82으로 이동하기 ■ 90도 방향 보기 ■ 무한 반복하기 ▶ 20만큼 움직이기 ▶ 0.2초 기다리기 ▶ 다음 모양으로 바꾸기 ▶ 회전 방식을 왼쪽−오른쪽으로 정하기 ▶ 벽에 닿으면 튕기기
Avery Walking 에이버리	**깃발을 클릭했을 때** ■ 크기를 80%로 정하기 ■ x: 177, y: −25으로 이동하기 ■ −90도 방향 보기 ■ 무한 반복하기 ▶ 20만큼 움직이기 ▶ 0.2초 기다리기 ▶ 다음 모양으로 바꾸기 ▶ 회전 방식을 왼쪽−오른쪽으로 정하기 ▶ 벽에 닿으면 튕기기
배경	Boardwalk

STEP 1 무대 배경과 스프라이트 선택

❶ 배경 선택

- 배경 저장소에서 "Boardwalk"를 선택한다.

❷ Avery Walking 스프라이트 선택

- 스프라이트 저장소에서 "Avery Walking"을 선택한다.
- 스프라이트 이름은 "에이버리"로 변경한다.

STEP 2 '고양이'의 프로그래밍

❶ '고양이' 스프라이트 정보

- 스프라이트를 조금 축소하기 위해 크기를 80%로 정한다.
- 스프라이트를 무대 왼쪽에 위치하도록 x좌표와 y좌표를 설정한다.
- 바라보는 방향이 오른쪽이 되도록 90도 방향 보기를 선택한다.

❷ 스프라이트 동작

- 스프라이트의 모양 바꾸기와 움직이기를 반복하여 걷기를 표현한다.
- 방향을 바꿀 때 거꾸로 회전하지 않도록 회전 방식을 왼쪽-오른쪽으로 정한다.
- 스프라이트 크기, 위치, 방향은 스프라이트 정보 창에서 직접 변경하거나 스크립트를 작성할 때 블록으로 설정해도 된다.

❶ '에이버리' 스프라이트 정보

- 스프라이트를 조금 축소하기 위해 크기를 80%로 정한다.
- 스프라이트를 무대 왼쪽에 위치하도록 x좌표와 y좌표를 설정한다.
- 바라보는 방향이 왼쪽이 되도록 -90도 방향 보기를 선택한다.

❷ 스프라이트 동작

- 스프라이트의 모양 바꾸기와 움직이기를 반복하여 걷기를 표현한다.
- 방향을 바꿀 때 거꾸로 회전하지 않도록 회전 방식을 왼쪽-오른쪽으로 정한다.

1. 스크래치 데스크탑과 온라인 에디터에 대한 설명 중에서 옳은 것은?
   ❶ 온라인 에디터에서 작성한 프로젝트는 [내 작업실]에서 불러오기 한다.
   ❷ 스크래치 데스크탑에서 작성한 프로젝트는 [개인 저장소] 메뉴에서 저장한다.
   ❸ 온라인 에디터에서는 내 컴퓨터에 저장할 수 없고 클라우드에 저장한다.
   ❹ 스크래치 데스크탑에 비해 온라인 에디터에서 사용할 수 있는 블록이 더 풍부하다.

2. 다음 스크립트에서 사용되지 않은 스크래치 블록 범주는 무엇인가?

   ❶ 동작   ❷ 제어   ❸ 모양   ❹ 이벤트

3. [스프라이트 관리 창]에서 변경할 수 없는 스프라이트 속성은 무엇인가?
   ❶ 이름   ❷ 위치   ❸ 회전 방식   ❹ 방향

4. 다음 스크래치 블록 모양과 사용 방법에 대한 설명 중에서 옳지 않은 것은?

   (a) 클릭했을 때   (b) 음량   (c) 그리고   (d) 10 만큼 움직이기

   ❶ (a): 이벤트 블록으로 스크립트 시작 부분에만 사용된다.
   ❷ (b): 데이터(값)을 가지고 있는 블록이다.
   ❸ (c): 이벤트 블록과 결합하여 사용된다.
   ❹ (d): 가장 많은 유형의 블록으로 블록에 있는 내용을 수행한다.

5. 다음과 같이 무대 배경 및 스프라이트를 선택하고, 스크립트를 작성한 다음 컴퓨터에 저장하시오.

❶ [무대 배경 관리 창]의 [배경 고르기]에서 Beach Malibu를 선택한다.

❷ [스크립트 관리 창]에서 스프라이트 1을 삭제하고, [스프라이트 고르기]에서 Abby를 추가한다.

❸ 초록색 깃발(🏳)을 누르면, '안녕!을(를) 2초 동안 말하기'한다.

❹ 프로젝트 이름을 연습문제 5번.sb3로 지정하고, 컴퓨터에 저장한다.

CHAPTER 03

스프라이트 동작

학습목표 ....

1. 스프라이트의 동작과 관련된 블록의 종류를 알아본다.
2. 각 동작 블록의 기능을 알아본다.
3. 프로그램을 작성하여 동작 블록의 기능을 익힌다.

학습목차 ....

3.1 스프라이트 동작 블록
3.2 스프라이트 속성

3.1 스프라이트 동작 블록

스프라이트(sprite)는 그림 형태로 모니터 화면에 나타나는 어떤 사물이나 객체를 의미하며 스크래치로 작성한 프로그램에 따라 소리, 모양, 위치 등이 변경되고 다른 스프라이트들과 상호작용할 수 있다.

스프라이트의 동작 블록 알아보기

동작 블록은 스프라이트를 주어진 위치나 방향으로 이동 또는 회전하는 블록이다. 스프라이트의 동작에 관련된 블록은 다음의 표와 같다.

표 3-1 동작 블록

블록 형태	설명
10 만큼 움직이기	스프라이트를 설정한 값만큼 이동
방향으로 15 도 회전하기	시계방향으로 설정한 값만큼 회전
방향으로 15 도 회전하기	반시계방향으로 설정한 값만큼 회전
무작위 위치 (으)로 이동하기	무작위 위치나 마우스 포인터로 이동
x: 10 y: 0 (으)로 이동하기	설정한 (x, y)좌표로 이동
1 초 동안 무작위 위치 (으)로 이동하기	설정한 시간 동안 무작위 위치나 마우스 포인터로 이동
1 초 동안 x: 10 y: 0 (으)로 이동하기	설정한 시간 동안 설정한 (x, y)좌표로 이동
90 도 방향 보기	설정한 방향 바라보기
마우스 포인터 쪽 보기	마우스 포인터나 다른 스프라이트 쪽 보기
x좌표를 10 만큼 바꾸기	x좌표를 설정한 값만큼 변경
x좌표를 0 (으)로 정하기	x좌표를 설정한 값으로 변경
y좌표를 10 만큼 바꾸기	y좌표를 설정한 값만큼 변경

블록 형태	설명
y 좌표를 0 (으)로 정하기	y좌표를 설정한 값으로 변경
벽에 닿으면 튕기기	벽에 닿으면 튕겨서 반대방향으로 이동
회전 방식을 왼쪽-오른쪽 ▼ (으)로 정하기	회전 방식 결정
x 좌표 y 좌표 방향	x좌표 값, y좌표 값, 방향 값

설정한 값만큼 움직이기

블록의 안의 숫자는 스프라이트의 이동거리를 나타내며 그 값을 변경 하여 스프라이트의 이동거리를 지정할 수 있다. 이동거리는 양수와 음 수를 모두 입력할 수 있고, 양수를 입력하면 스프라이트는 바라보는 방

향으로 주어진 값만큼 이동하고, 음수를 입력하면 반대방향으로 주어진 값만큼 이동한다.

〉컴퓨팅 사고   스프라이트 이동하기

오른쪽 화살표 키를 누를 때마다 바라보는 방향으로 30만큼, 왼쪽 화살표 키를 누를 때마다 뒤로 30만 큼 이동하는 스크립트를 작성해보자.

설정한 값만큼 회전하기

입력한 각도만큼 스프라이트를 시계방향 또는 반시계방향으로 회 전시킨다. 양수와 음수를 모두 입력할 수 있고, 음수를 입력하면 스프라이트가 주어진 방향의 반대방향으로 회전한다.

〉컴퓨팅 사고   스프라이트 회전하기

오른쪽 화살표를 누를 때마다 스프라이트가 시계방향으로 15도씩 회전하고, 왼쪽 화살표를 누를 때마다 스프라이트가 반시계 방향으로 15도씩 회전하는 스크립트를 작성해보자.

무작위 위치로 이동하기

스프라이트를 무작위 위치나 마우스 포인터로 이동한다. 삼각형(▼)을 눌러 무작위 위치나 마우스 포인터로 스프라이트의 이동 위치를 선택할 수 있다. 또한 이동시간을 입력하여 주어진 시간동안 스프라이트가 선택한 곳으로 이동하도록 할 수 있다.

〉컴퓨팅 사고   무작위 위치 또는 마우스 포인터로 이동하기

'a'키를 누를 때마다 스프라이트가 무작위 위치로 이동하는 스크립트를 작성해보자. 또한 스페이스 바를 누를 때마다 스프라이트가 마우스 포인터로 이동하는 스크립트를 작성해보자.

〉컴퓨팅 사고   설정한 시간동안 무작위 위치 또는 마우스 포인터로 이동하기

'a'키를 누를 때마다 스프라이트가 2초 동안 무작위 위치로 이동하는 스크립트를 작성해보자. 또한 스페이스 바를 누를 때마다 스프라이트가 3초 동안 마우스 포인터로 이동하는 스크립트를 작성해보자.

설정한 (x, y)좌표로 이동하기

좌표 값을 입력하여 스프라이트의 이동장소를 설정할 수 있다. 좌표는 x좌표와 y좌표로 구성되며 무대의 정중앙은 x좌표와 y좌표가 모두 0으로 좌표가 (0,0)이다. 무대의 x좌표는 −240에서 240까지 설정할 수 있으며, y좌표는 −180에서 180까지 설정할 수 있다. 무대의 특수한 점들의 좌표는 아래의 그림과 같다.

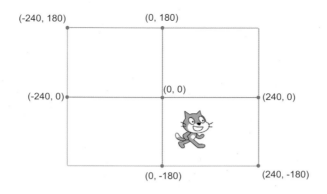

〉컴퓨팅 사고 설정한 좌표로 이동하기

위쪽 화살표 키를 누르면 스프라이트가 좌표 (100, 50)으로 이동하고 아래쪽 화살표 키를 누르면 스프라이트가 3초 동안 좌표(−100, −50)으로 이동하는 스크립트를 작성해보자.

지정된 방향 보기

각도를 입력하여 스프라이트가 그 방향을 바라보거나, 마우스 포인터 또는 특정 스프라이트를 선택하여 스프라이트가 그 방향을 바라보도록 설정한다. 바라보는 각도는 −179도에서 180도까지 설정할 수 있다.

아래의 그림과 같이 스크래치 화면의 무대아래 쪽에 스프라이트의 정보를 나타내는 창이 있다. 스프라이트가 바라보는 방향은 이 스프라이트 정보창의 방향을 클릭하여 지정할 수도 있다.

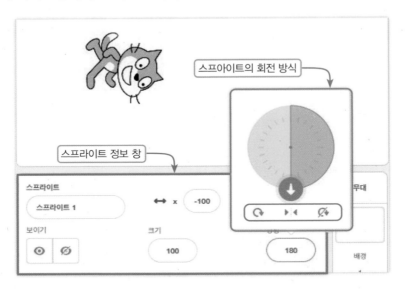

  스프라이트 정보의 방향에는 스프라이트의 회전 방식을 설정하는 기능을 포함한다. 스프라이트의 회전 방식은 "회전하기", "왼쪽/오른쪽으로 회전하기", "회전하지 않기"가 있으며, 회전하기(↻)로 설정하면 스프라이트가 회전하며 방향을 바꾸고, 왼쪽/오른쪽(▶◀)으로 설정하면 지정한 각도에 따라 좌측 또는 우측만을 바라보게 된다. 회전하지 않기(⌀)로 설정하면 지정한 각도에 영향을 받지 않고 90도 방향만 바라보게 된다.

▶ 컴퓨팅 사고　　지정한 방향 보기

마우스로 스프라이트를 클릭하면 스프라이트가 180도 방향을 바라보는 스크립트를 작성해보자. 또한 스프라이트 중에 ball을 추가하고 스페이스 키를 누르면 고양이 스프라이트가 ball을 바라보는 스크립트를 작성해보자.

좌표 정하기와 바꾸기

스프라이트의 위치에 해당하는 x좌표와 y좌표를 입력하여 스프라이트가 무대의 설정한 좌표에 위치하도록 할 수 있다.

또한 스프라이트의 위치를 변경하고자 할 때 위의 블록을 이용하여 스프라이트의 위치를 변경할 수 있다. 스프라이트는 입력한 x좌표와 y좌표의 값만큼 이동한다.

❯ 컴퓨팅 사고　설정한 값에 따라 이동하기

스페이스 키를 누르면 스프라이트가 좌표 (−180, −120)으로 이동하고, 오른쪽 화살표 키를 누르면 x좌표가 20만큼, 위쪽 화살표 키를 누르면 y좌표가 10만큼 바뀌는 스크립트를 작성해보자.

벽에 닿으면 튕기기와 회전 방식

스프라이트가 무대의 벽에 닿았을 때 무대를 벗어나지 않고 바라보는 방향을 반대방향으로 전환하도록 한다.

회전 방식을 왼쪽-오른쪽 (으)로 정하기

또한 위의 블록은 스프라이트가 벽에 닿아 튕길 때 스프라이트의 회전 방식을 결정한다. 스프라이트의 회전 방식은 스프라이트 정보의 방향에 포함되어 있는 회전 방식과 동일하고, "왼쪽-오른쪽", "회전하지 않기", "회전하기"가 있다.

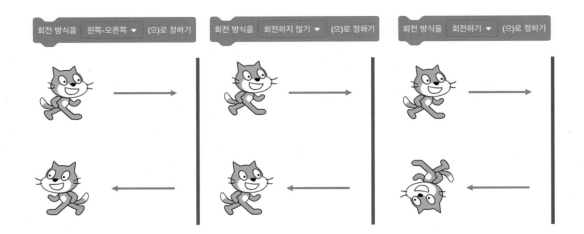

스프라이트의 좌표 및 방향 값

현재 스프라이트 중심의 x좌표와 y좌표, 그리고 바라보는 방향
값이 저장되어 있는 블록이다. 각 블록의 왼쪽에 있는 사각형을
체크 표시하면 스프라이트의 현재 좌표와 각도를 알려주는 상태 바가 무대에 나타난다.

실습문제 1 방향키를 누르면 회전하는 고양이

키보드의 오른쪽(→) 화살표 키를 누르면 고양
이가 오른쪽으로 이동하여 시계방향으로 회전
하고, 왼쪽(←) 화살표 키를 누르면 고양이가
왼쪽으로 이동하여 반시계방향으로 회전하는
프로그램을 만들어 보자.

스프라이트/무대	동작과정
스프라이트 1 스프라이트 1	**오른쪽 화살표 키를 눌렀을 때** ■ x좌표를 100으로 정하기 ■ 시계방향으로 15도 회전하기 **왼쪽 화살표 키를 눌렀을 때** ■ x좌표를 −100으로 정하기 ■ 반시계방향으로 15도 회전하기
배경	없음

STEP 1 스프라이트 선택

- 스크래치를 실행하면 나타나는 "스프라이트1"(고양이)을 사용한다.

STEP 2 스프라이트1(고양이)의 프로그래밍

❶ 시계방향으로 회전하기

- 이벤트 블록에서 "오른쪽 화살표 키를 눌렀을 때"를 선택한다.
- 고양이가 오른쪽으로 이동하여 멈추도록 "x좌표를 00으로 정하기" 블록을 결합하고, x좌표를 양의 값으로 입력한다.
- "시계방향으로 00도 회전하기"를 결합하고, 회전각도에 양의 값을 입력한다.

❷ 반시계방향으로 회전하기

- 이벤트 블록에서 "왼쪽 화살표 키를 눌렀을 때"를 선택한다.
- 고양이가 왼쪽으로 이동하여 멈추도록 "x좌표를 00으로 정하기" 블록을 결합하고, x좌표를 음의 값으로 입력한다.
- "반시계방향으로 00도 회전하기"를 결합하고, 회전각도에 양의 값을 입력한다.

실습문제 ② 방향키에 따라 움직이는 고양이

키보드의 위쪽(↑), 아래쪽(↓), 왼쪽(←), 오른쪽(→) 화살표 키를 누르면 고양이가 화살표와 같은 방향으로 움직이는 프로그램을 만들어 보자.

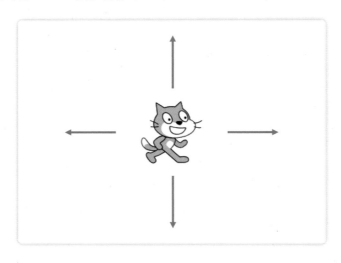

스프라이트/무대	동작과정
스프라이트 1 스프라이트1 스프라이트 1	■ **오른쪽 화살표** 키를 눌렀을 때 ▷ x좌표를 10만큼 바꾸기 ■ **왼쪽 화살표** 키를 눌렀을 때 ▷ x좌표를 −10만큼 바꾸기 ■ **위쪽 화살표** 키를 눌렀을 때 ▷ y좌표를 10만큼 바꾸기 ■ **아래쪽 화살표** 키를 눌렀을 때 ▷ y좌표를 −10만큼 바꾸기
배경	없음

STEP 1 **스프라이트 선택**

• 스크래치를 실행하면 나타나는 "스프라이트1"(고양이)을 사용한다.

STEP 2 **스프라이트1(고양이)의 프로그래밍**

• 이벤트 블록에서 "오른쪽 화살표 키를 눌렀을 때"를 선택한다. 고양이가 오른쪽으로 이동하도록 "x좌표를 00만큼 바꾸기" 블록을 결합하고, x좌표를 양의 값으로 입력한다.

• 이벤트 블록에서 "왼쪽 화살표 키를 눌렀을 때"를 선택한다. 고양이가 왼쪽으로 이동하도

록 "x좌표를 00만큼 바꾸기" 블록을 결합하고, x
좌표를 음의 값으로 입력한다.

- 이벤트 블록에서 "위쪽 화살표 키를 눌렀을 때"
를 선택한다. 고양이가 위쪽으로 이동하도록 "y
좌표를 00만큼 바꾸기" 블록을 결합하고, y좌표
를 양의 값으로 입력한다.

- 이벤트 블록에서 "아래쪽 화살표 키를 눌렀을
때"를 선택한다. 고양이가 아래쪽으로 이동하도
록 "y좌표를 00만큼 바꾸기" 블록을 결합하고, y
좌표를 음의 값으로 입력한다.

응용문제 1 방향키와 같은 방향을 보고 이동하는 고양이

키보드의 위쪽(↑), 아래쪽(↓), 왼쪽(←), 오른쪽(→) 화살표 키를 누르면 고양이가 화살표와 같은 방향을 바라보고 그 방향으로 이동하는 프로그램을 만들어 보자.

동작과정
위쪽, 아래쪽, 왼쪽, 오른쪽 화살표 키를 누르면 고양이가 화살표와 같은 방향을 보고 그 방향으로 이동한다.

스프라이트/무대	동작과정
스프라이트 1 스프라이트 1	■ 오른쪽 화살표 키를 눌렀을 때 　▶ 회전 방식을 왼쪽−오른쪽으로 정하기 　▶ 90도 방향 보기 　▶ 10만큼 움직이기 ■ 왼쪽 화살표 키를 눌렀을 때 　▶ 회전 방식을 왼쪽−오른쪽으로 정하기 　▶ −90도 방향 보기 　▶ 10만큼 움직이기 ■ 위쪽 화살표 키를 눌렀을 때 　▶ 회전 방식을 회전하기로 정하기 　▶ 0도 방향 보기 　▶ 10만큼 움직이기 ■ 아래쪽 화살표 키를 눌렀을 때 　▶ 회전 방식을 회전하기로 정하기 　▶ 180도 방향 보기 　▶ 10만큼 움직이기
배경	없음

3.2

스프라이트 속성

스크래치 화면의 우측 하단에 있는 스프라이트 정보 창에는 각 스프라이트의 이름(❶), 위치 (❷), 보이기 상태(❸), 크기(❹), 방향(❺)과 같은 스프라이트의 속성이 나타나 있다.

❶ **이름**: 현재 스프라이트의 이름을 알려준다. 클릭하면 스프라이트의 이름을 직접 입력하여 변경할 수 있다.

❷ **위치**: 현재 스프라이트가 위치한 x와, y좌표를 알려준다. 클릭하고 입력하여 위치 값을 변경할 수 있다.

❸ **보이기**: 현재 스프라이트를 보이거나 보이지 않도록 설정할 수 있다.

❹ **크기**: 스프라이트의 크기를 알려준다. 5~535의 값을 입력하여 스프라이트의 크기를 변경할 수 있다.

❺ **방향**: 스프라이트가 바라보는 방향의 각도를 알려준다. 클릭하면 화살표로 스프라이트의 방향을 알려주고 수치를 입력하여 변경할 수 있다. 또한 스프라이트의 회전 방식을 선택할 수 있다.

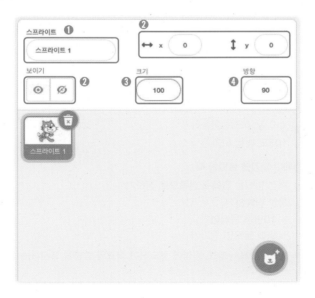

1. 스프라이트의 이름을 클릭하여 '스프라이트1'을 '고양이'로 변경해보자.

2. 보이기와 보이지 않기를 클릭하여 스프라이트의 상태를 확인해보자.

3. 크기에 5 또는 535와 그 사이의 수치를 입력하여 스프라이트 크기의 변경을 확인해보자.

실습문제 ③ 무대 위를 돌아다니는 고양이

깃발을 클릭하면 고양이 스프라이트가 무대의 중심에 위치하고, 스페이스 키를 누르면 무대 위를 자유롭게 움직이는 프로그램을 작성해보자. 이 때 스프라이트가 움직임에 따라 현재 스프라이트의 x좌표, y좌표, 방향이 무대의 상단에 표시되도록 프로그래밍하자.

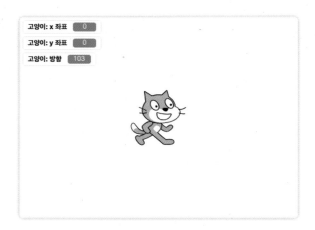

스프라이트/무대	동작과정
고양이 🐱 고양이	**깃발을 클릭했을 때** ■ x: 0, y: 0으로 이동하기 ■ 103도 방향 보기 **스페이스 키를 눌렀을 때** ■ 회전 방식을 왼쪽-오른쪽으로 정하기 ■ 무한 반복하기 ▶ 10만큼 움직이기 ▶ 벽에 닿으면 튕기기 ※ 블록 x좌표, y좌표, 방향에 체크하여 좌표와 방향을 표시하는 상태 바가 나타나도록 설정한다.
배경	없음

　스프라이트 선택

- 스크래치를 실행하면 나타나는 "스프라이트1"(고양이)을 사용한다.
- 스프라이트 정보의 이름을 클릭하여 스프라이트 이름을 "고양이"로 변경한다.

STEP 2　고양이의 프로그래밍

❶ 고양이의 위치 지정

- 깃발을 클릭할 때 고양이가 시작위치로 이동하도록 설정하고, 고양이가 직선 방향이 아닌 여러 방향으로 움직일 수 있도록 바라보는 방향을 정한다.

❷ 고양이 움직이기

- 스페이스 키를 눌렀을 때 고양이가 뒤집히지 않고 이동하도록 회전 방식을 왼쪽-오른쪽 으로 정한다.
- 제어 블록에서 무한 반복하기를 선택하여 다음의 동작을 반복하도록 한다.
- 10만큼 이동하기와 벽에 닿으면 튕기기를 이용하여 고양이가 무대를 움직이도록 한다.

실습문제 4 쥐를 따라다니는 고양이

깃발을 클릭하면 고양이와 쥐가 무대의 적당한 곳에 위치하고, 스페이스 키를 누르면 고양이가 무대 위를 자유롭게 움직이는 쥐를 따라 가는 프로그램을 작성해보자.

스프라이트/무대	동작과정

고양이
 	
고양이
	깃발을 클릭했을 때
	■ x: −100, y: 50으로 이동하기
	스페이스 키를 눌렀을 때
	■ 회전 방식을 왼쪽−오른쪽으로 정하기
	■ 무한 반복하기
	  ▶ 쥐 쪽 보기
	  ▶ 5만큼 움직이기
	  ▶ 벽에 닿으면 튕기기

쥐
 	
쥐
	깃발을 클릭했을 때
	■ x: 100, y: 50으로 이동하기
	■ 90도 방향 보기
	스페이스 키를 눌렀을 때
	■ 130도 방향 보기
	■ 회전 방식을 왼쪽−오른쪽으로 정하기
	■ 무한 반복하기
	  ▶ 10만큼 움직이기
	  ▶ 벽에 닿으면 튕기기
	※ 쥐의 크기는 50으로 변경

배경	Forest

STEP 1 　배경과 스프라이트 선택하기

❶ 배경 선택

- 배경 저장소의 [실외] 카테고리에서 "Forest"을 선택한다.

❷ 고양이 스프라이트 선택

- 스크래치를 실행하면 나타나는 "스프라이트1"를 사용한다.
- 스프라이트의 이름을 "고양이"로 변경한다.

❸ 쥐 스프라이트 선택

- 스프라이트 저장소의 [동물] 카테고리에서 "Mouse1"을 선택한다.
- 스프라이트 이름을 "쥐"로 변경한다.
- 쥐의 크기를 50으로 변경한다.

STEP 2 　고양이 스프라이트 프로그래밍

❶ 고양이 시작 위치 지정

- 깃발을 클릭했을 때 고양이의 시작 위치를 x, y좌표로 지정한다.

❷ 쥐 쪽으로 움직이기

- 스페이스 키를 눌렀을 때 회전 방식을 왼쪽-오른쪽으로 정한다.
- 무한 반복을 이용하여 다음의 이동을 반복하도록 한다.
- 쥐를 따라갈 수 있도록 "쥐 쪽 보기"로 설정하고, "5만큼 움직이기"로 설정한다. 벽에 닿으면 다시 무대 안으로 들어오도록 "벽에 닿으면 튕기기"로 설정한다.

STEP 3 쥐 스프라이트 프로그래밍

❶ 쥐의 시작 위치 지정

- 깃발을 클릭했을 때 쥐의 시작 위치를 x, y좌표로 지정하고, 바라보는 방향을 오른쪽을 보도록 지정한다.

❷ 쥐 움직이기

- 스페이스 키를 눌렀을 때 움직이는 방향이 일직선이 되지 않도록 "130도 방향 보기"로 설정한다.
- 회전 방식을 왼쪽-오른쪽으로 설정한다.
- 무한 반복을 이용하여 다음을 무한 반복한다.
- 반복하여 10만큼 움직이도록 설정한다.
- 벽에 닿으면 튕기도록 설정한다.

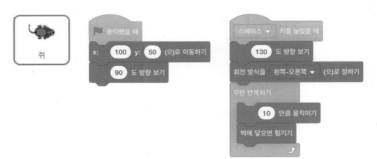

응용문제 ② 사과를 따라다니는 곰

사과가 마우스를 따라 움직이고 곰이 사과을 따라오도록 하는 프로그램을 작성해보자.

동작과정

- 깃발을 클릭했을 때 사과와 곰이 무대의 적당한 위치에 배치된다.
- 스페이스 키를 누르면 마우스 포인터를 따라 사과가 움직인다.
- 곰이 움직이는 사과를 따라 다닌다.

스프라이트/무대	동작과정
Apple	**깃발을 클릭했을 때** ■ x: −100, y: 0으로 이동하기 **스페이스 키를 눌렀을 때** ■ 무한 반복하기 ▶ 마우스 포인터로 이동하기 ※ 사과의 크기를 50으로 변경

Bear-walking	**깃발을 클릭했을 때**
	■ x: 100, y: 0으로 이동하기
	
	스페이스 키를 눌렀을 때
	■ 회전 방식을 왼쪽-오른쪽으로 정하기
	■ 무한 반복하기
	  ▶ 마우스 포인터 쪽 보기
	  ▶ "1"초 동안 "Apple"로 이동하기
	  ▶ 벽에 닿으면 튕기기

스프라이트/무대	동작과정
	스페이스 키를 눌렀을 때 ◼ 무한 반복하기 ▶ 다음 모양으로 바꾸기 ▶ 0.2초 기다리기 ※ 곰의 크기를 70으로 변경
배경	◆ 배경저장소 Wetland

1. 고양이 스프라이트에서 "x: -80, y: 90으로 이동하기" 블록을 실행하였다. 고양이는 다음 무대
   의 어느 영역에 위치하는가?

❶ 영역 1   ❷ 영역 2   ❸ 영역 3   ❹ 영역 4

2. 다음의 블록을 실행할 때 고양이가 위치한 좌표는?

❶ (−70, 20)   ❷ (−70, 30)   ❸ (−60, 20)   ❹ (−60, 30)

3. "무한 반복하기" 블록을 이용하여 고양이가 마우스 포인터를 따라오는 스크립트를 만들어
   보자.

4. 고양이 스프라이트의 스크립트를 다음과 같이 작성하고 실행할 때 고양이가 바라보는 방향은?

❶ 왼쪽 45도 방향   ❷ 오른쪽 45도 방향   ❸ 왼쪽 90도 방향   ❹ 오른쪽 90도 방향

5. 고양이 스프라이트에서 다음 스크립트를 실행할 때 고양이의 모습으로 옳은 것은?

스프라이트 형태

학습목표 ....

1. 스프라이트 모양과 간단한 편집 방법을 알아본다.
2. 스프라이트의 형태 블록에 대해 알아본다.
3. 동작과 형태 블록을 이용하여 애니메이션을 구현하는 스크립트를 작성한다.

4.1 스프라이트 모양

각각의 스프라이트는 여러 가지 모양을 가지고 있다. 스크래치 화면의 모양 탭을 클릭하면 그 스프라이트가 가지고 있는 모양의 목록을 볼 수 있고 모양 고르기를 클릭하여 모양을 추가하고 그림판의 도구들을 이용하여 스프라이트를 새로 그리거나 기존의 스프라이트 모양을 변경 또는 수정할 수 있다.

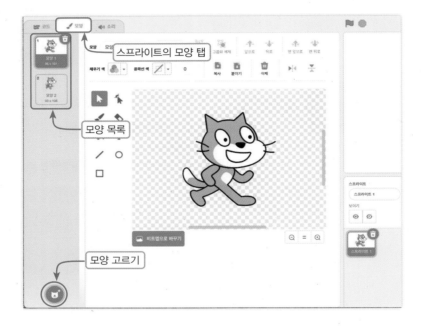

고양이는 "모양1"과 "모양2"라는 두 개의 모양을 가지고 있고, 현재 선택된 모양은 "모양1"로 파란색으로 반전되어 있다.

스프라이트의 모양 변경하기

스프라이트의 모양은 형태 블록에 있는 "모양 바꾸기" 블록을 이용하여 바꿀 수 있다.

"모양을 '모양1'으로 바꾸기" 블록에서 ▼를 클릭하면 현재 스프라이트가 가지고 있는 모든 모양이 나타나고, 바꾸고자 하는 모양을 선택하여 스프라이트의 모양을 원하는 모양으로 변경할 수 있다.

"다음 모양으로 바꾸기" 블록은 현재 스프라이트가 가지고 있는 모양의 순서에 따라 그 모양을 바꿀 수 있다. 모양의 순서는 모양 목록에서 특정 모양을 마우스로 드래그하여 변경할 수 있다.

> 컴퓨팅 사고　　**스프라이트 모양 변경하기**

고양이가 가지고 있는 두 개의 모양 "모양1"과 "모양2"를 번갈아 바꾸어 고양이가 걸어가는 모습이 되도록 스크립트를 작성해보자.

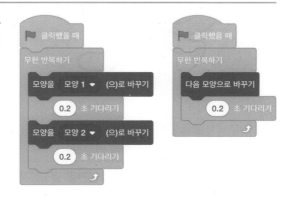

스프라이트의 중심

스프라이트의 모양 탭을 클릭하면 스프라이트를 그리거나 수정할 수 있는 그림판이 나타난다.

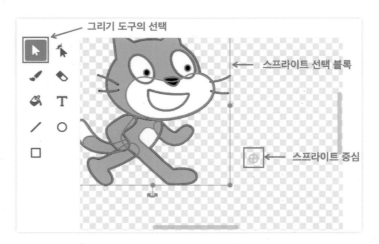

그림판의 그리기도구 모음 중에 [선택]을 클릭하고 스프라이트를 마우스로 드래그하면 스프라이트를 이동시킬 수 있다. 그림판의 정중앙에 있는 ⊕기호는 스프라이트의 중심을 나타내는 표시로 이 기호가 스프라이트와 겹치는 부분이 그 스프라이트의 중심이다. 스프라이트의 위치나 회전은 스프라이트의 중심을 기준으로 설정된다. 다음의 그림과 같이 고양이 스프라이트의 발끝에 ⊕기호를 일치시키고 고양이의 좌표를 설정하면 설정한 좌표에 발끝이 위치하게 되고, 고양이를 회전시키면 이 발끝을 중심으로 회전한다.

스프라이트 모양 탭을 클릭하여 그림판을 열고 고양이 스프라이트의 중심을 발끝으로 이동해보자. 스페이스 키를 누르면 고양이가 x: 0, y: 0 로 이동하고, 오른쪽 화살표 키를 누르면 시계방향으로 15도 회전, 왼쪽 화살표 키를 누르면 반시계방향으로 15도 회전하는 스크립트를 작성해보자.

스프라이트 수정하기

스프라이트 모양 탭의 그림판에서 스프라이트의 모양과 색깔 등을 수정할 수 있다. 그림판의 그리기 도구에는 선택, 형태고치기, 붓, 지우개, 채우기 등과 같은 스프라이트를 수정할 수 있는 도구들이 있다. 여기에서는 다음의 그림과 같이 스프라이트의 색을 변형하는 방법에 대해서 간단한 소개한다.

1. 채우기 색(❶)을 클릭하여 원하는 색을 선택한다.

2. 채우기(❷)를 선택한다.

3. 색을 변형하고 싶은 스프라이트의 영역(❸)을 클릭한다.

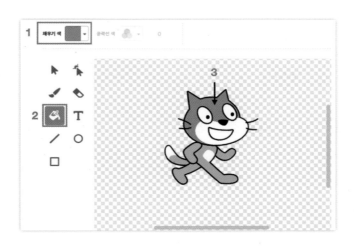

실습문제 ① 얼굴색이 변하는 고양이

고양이 스프라이트에서 모양2의 얼굴색을 빨간색으로 변형해보자. 깃발을 클릭하면 고양이의
얼굴색이 계속 변하며 무대를 움직이는 스크립트를 만들어 보자.

스프라이트/무대	동작과정

스프라이트 1
 	
 스프라이트 1
	깃발을 클릭했을 때
	 ■ 회전 방식을 왼쪽–오른쪽으로 정하기
	 ■ 무한 반복하기
	   ▷ 0.5초 동안 무작위 위치로 이동하기
	   ▷ 다음 모양으로 바꾸기
	   ▷ 벽에 닿으면 튕기기

배경	없음

STEP 1   스프라이트 선택

- 기본으로 주어지는 스프라이트 "스프라이트 1"(고양이)를 이용한다.
- 모양 탭을 클릭하여 모양 2의 얼굴색을 빨간색으로 칠한다.

STEP 2   '스프라이트 1'의 프로그래밍

- 벽에 닿아 튕길 때 고양이가 뒤집히지 않도록 회전 방식을 왼쪽-오른쪽으로 정한다.
- 다음을 무한 반복한다.
  - ▶ 0.5초 동안 무작위 위치로 이동
  - ▶ 다음 모양으로 바꾸기
  - ▶ 벽에 닿으면 튕기기

실습문제 ② 회전하는 고양이

고양이 스프라이트의 중심을 오른쪽 발끝으로 설정해보자. 스페이스 키를 누르면 고양이 중심이 무대의 중앙에 위치하고, 오른쪽 화살표 키를 누르면 시계방향으로 회전, 왼쪽 화살표 키를 누르면 반시계방향으로 회전하는 스크립트를 만들어 보자. 이때 고양이의 잔상이 계속 남도록 제어블록의 "나 자신복제하기" 블록을 사용해 보자.

스프라이트/무대	동작과정
스프라이트 1 스프라이트 1	**스페이스 키를 눌렀을 때** ■ 90도 방향 보기 ■ x: 0, y: 0으로 이동하기 **오른쪽 화살표 키를 눌렀을 때** ■ 나 자신 복제하기 ■ 시계방향으로 45도 회전하기 **왼쪽 화살표 키를 눌렀을 때** ■ 나 자신 복제하기 ■ 반시계방향으로 45도 회전하기 ※ 스프라이트의 회전 방식을 회전으로 선택
배경	없음

STEP 1　스프라이트 선택

- 기본으로 주어지는 스프라이트 "스프라이트 1"(고양이)를 이용한다.
- 모양 탭을 클릭하여 스프라이트를 선택하고 중심을 오른쪽 발끝에 맞춘다.
- 스프라이트 정보에서 방향을 선택하고 회전 방식을 회전으로 선택한다.

STEP 2　'스프라이트 1'의 프로그래밍

❶ 스페이스 키를 누를 때
- 회전을 관찰할 수 있도록 90도 방향 보기로 정한다.
- 스프라이트의 위치를 x: 0, y: 0으로 정하여 무대의 중앙으로 이동한다.

❷ 오른쪽 화살표 키를 누를 때
- 고양이의 잔상을 남기기 위해 제어 블록 중에 "나 자신 복제하기" 블록을 선택한다.
- 시계방향으로 회전을 선택하고 회전 간격을 주기 위해 회전 각도를 45도로 설정한다.

❸ 왼쪽 화살표 키를 누를 때
- 제어 블록 중에 "나 자신 복제하기" 블록을 선택한다.
- 반시계방향으로 45도 회전하기로 설정한다.

4.2 스프라이트 형태 변형

스프라이트의 형태는 말풍선, 생각하기 풍선, 모양 변경, 배경 변경, 크기 변경, 그래픽 효과, 스프라이트의 순서 변경 등을 이용하여 변형할 수 있으며, 이러한 형태 변형을 이용하여 애니메이션을 구현할 수 있다.

형태 블록 알아보기

형태 블록은 스프라이트의 형태를 변형할 수 있는 블록들로 블록모음에서 형태를 클릭하면 볼 수 있다.

형태 블록의 종류는 다음의 표와 같다.

표 4-1 형태 블록

블록 형태	설명
안녕! 을(를) 2 초 동안 말하기	입력한 문장을 입력한 시간 동안 말풍선으로 출력
안녕! 말하기	입력한 문장을 말풍선으로 출력
음... 을(를) 2 초 동안 생각하기	입력한 문장을 입력한 시간 동안 생각하기 말풍선으로 출력
음... 생각하기	입력한 문장을 생각하기 말풍선으로 출력
모양을 모양 1 ▼ (으)로 바꾸기	스프라이트 모양을 선택하여 바꾸기

블록 형태	설명
다음 모양으로 바꾸기	스프라이트 모양을 순서에 따라 다음 모양으로 바꾸기
배경을 배경 1 ▼ (으)로 바꾸기	무대의 배경을 선택하여 바꾸기
다음 배경으로 바꾸기	무대의 배경을 순서에 따라 다음 배경으로 바꾸기
크기를 10 만큼 바꾸기	스프라이트의 크기를 입력한 값만큼 변경
크기를 100 %로 정하기	스프라이트의 크기를 입력한 비율로 변경
색깔 ▼ 효과를 25 만큼 바꾸기	스프라이트의 그래픽 효과를 입력한 값만큼 변경
색깔 ▼ 효과를 0 (으)로 정하기	스프라이트의 그래픽 효과를 입력 값으로 정하기
그래픽 효과 지우기	그래픽 효과를 지우기
보이기 숨기기	스프라이트를 보이거나 숨기기
맨 앞쪽 ▼ 으로 순서 바꾸기	스프라이트를 맨 앞이나 맨 뒤로 순서 변경
앞으로 ▼ 1 단계 보내기	스프라이트를 입력한 값만큼 앞으로 보내거나 뒤로 보내기
모양 번호 ▼ 배경 번호 ▼ 크기	스프라이트의 번호나 이름, 배경의 번호나 이름, 스프라이트의 크기를 저장

말하기와 생각하기

"00을 00초 동안 말하기"와 "00을 00초 동안 생각하기" 블록은 입력한 문장을 설정한 시간 동안 말풍선으로 보여주고 사라진다. "00 말하기"와 "00 생각하기" 블록은 입력한 문장을 계속해서 말풍선으로 보여준다. 여기에서 말하기나 생각하기는 스프라이트가 실제로 음성을 통하여 말하는 것이 아니라 말풍선이나 생각풍선을 이용하여 화면에 보여주는 방식이다.

스프라이트를 클릭했을 때 다음과 같
이 동작하는 스크립트를 작성해보자.

1. "안녕하세요!"라고 2초 동안 말한다.
2. "안녕하세요!"라고 말한다.
3. "생각중이야!"를 2초 동안 생각한다.
4. "생각중이야!"를 생각한다.

모양 바꾸기

앞 절에서 살펴본 바와 같이 각각의 스프라이트는 여러 가지 모양을 가지고 있다. 이 블록은 이
러한 스프라이트의 모양을 선택적으로 또는 순서에 따라 바꾸는 블록이다.

스프라이트 "Cassy Dance"는 4개의 모양을 가지
고 있다. 스프라이트 중에 "Cassy Dance"를 선택
하고 위의 각 블록을 이용하여 모양이 1초 간격으
로 바뀌고 처음 모양으로 다시 돌아오는 스크립트
를 작성해보자.

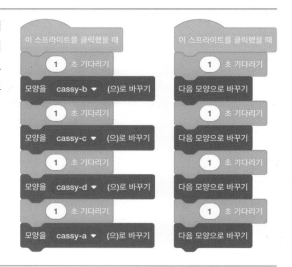

배경 바꾸기

배경 바꾸기 블록은 배경이 2개 이상 있을 때 기존의 배경을 다른 특정 배경을 선택하여 바꾸거나 주어진 순서대로 바꾸는 블록이다.

배경을 추가하려면 배경 고르기를 클릭하여 원하는 배경을 선택하여 추가할 수 있다.

배경의 종류를 확인하거나 새로운 배경을 만들기 위해서는 배경을 클릭하고 스크래치 왼쪽 상단의 배경 탭을 클릭한다. 현재 선택된 배경 목록이 나타나고, 그림판을 이용하여 선택된 배경을 수정하거나 새로운 배경을 그릴 수 있다. 불필요한 배경은 오른쪽 위의 휴지통 모양의 x를 클릭하여 삭제할 수 있다.

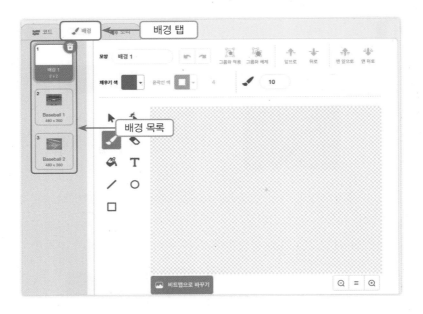

〉컴퓨팅 사고　배경 바꾸기

배경에 2개의 배경 "Castle 1"과 "Castle 4"를 추가하고 기존의 "배경 1"을 삭제해보자. 고양이 스프라이트에 깃발을 클릭하면 추가한 2개의 배경이 1초 간격으로 무한히 바뀌는 스크립트를 작성해보자.

크기 바꾸기

"크기를 00만큼 바꾸기" 블록은 이 블록이 실행될 때마다 스프라이트의 크기를 입력한 값만큼 확대 또는 축소한다. 양의 값을 입력하면 확대되고, 음의 값을 입력하면 축소된다.

"크기를 00으로 정하기" 블록은 스프라이트의 크기를 입력한 비율로 설정한다. 기본 크기는 100%이다.

> 컴퓨팅 사고   스프라이트의 크기 바꾸기

위쪽 화살표 키를 누르면 스프라이트의 크기가 50씩 증가하고, 아래쪽 화살표 키를 누르면 스프라이트의 크기가 10씩 감소하는 스크립트를 작성해보자. 또한 스페이스 키를 누르면 크기가 기본크기인 100으로 설정되는 스크립트를 작성해보자.

그래픽 효과 바꾸기

스프라이트의 그래픽 효과는 색깔, 어안 렌즈, 소용돌이, 픽셀화, 모자이크, 밝기, 투명도가 있다. 각각은 스프라이트에 다음의 효과를 준다.

- **색깔**: 스프라이트의 색이 변한다.
- **어안렌즈**: 스프라이트의 중심부를 볼록하게 한다.
- **소용돌이**: 스프라이트를 회전하여 왜곡시킨다.
- **픽셀화**: 스프라이트의 픽셀 크기를 키운다.
- **모자이크**: 스프라이트를 작은 모양으로 나누어 패턴화 한다.
- **밝기**: 스프라이트의 밝기를 조절한다.
- **반투명**: 스프라이트의 투명도를 조절한다.

"00효과를 00만큼 바꾸기" 블록은 블록이 실행될 때마다 선택한 그래픽 효과를 입력한 값만큼 바꾸는 블록이다. "00효과를 00으로 정하기" 블록은 선택한 그래픽 효과를 입력한 값으로 설정하는 블록이다. "그래픽 효과 지우기" 블록은 현재 스프라이트에 설정되어 있는 그래픽 효과를 모두 지우는 블록이다.

〉컴퓨팅 사고   그래픽 효과 바꾸기

위쪽 화살표 키를 누를 때마다 다음의 그래픽 효과가 20씩 바뀌는 스크립트를 작성해보자.

1. 색깔   **2.** 어안 렌즈   **3.** 소용돌이   **4.** 투명도

또한 스페이스 키를 누르면 위에서 시행한 모든 효과가 사라지고 처음의 스프라이트로 돌아가도록 스크립트를 작성해보자.

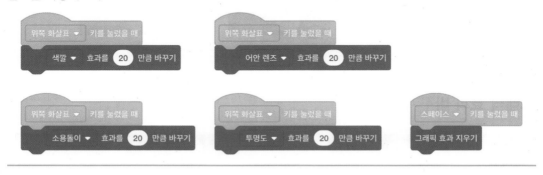

보이기와 숨기기

스프라이트를 무대에서 사라지게 하거나 다시 보이게 하는 블록이다.

〉컴퓨팅 사고   보이기와 숨기기

스프라이트를 클릭하면 스프라이트가 무대에서 사라지고 스페이스 키를 누르면 다시 나타나는 스크립트를 작성해보자.

순서 바꾸기

2개 이상의 스프라이트가 겹쳐져 있을 때 해당 스프라이트를 맨 앞 또는 맨 뒤로 보내거나, 입력한 단계만큼 앞으로 또는 뒤로 보내는 블록이다.

〉컴퓨팅 사고　순서 바꾸기

스프라이트 고르기를 클릭하여 "Abby", "Amon", "Andie"를 추가적으로 선택하여 무대에 4개의 스프라이트를 겹쳐서 배열해보자. 스페이스 키를 누르면 가장 뒤에 있는 스프라이트가 가장 앞쪽으로 나오도록 스크립트를 작성해보자. 또한 위쪽 화살표 키를 누르면 "Abby" 스프라이트가 1단계씩 앞으로 나오고, 아래쪽 화살표 키를 누르면 1단계씩 뒤로 가는 스크립트를 작성해보자.

스프라이트1(고양이) 코드　　　**Abby 코드**

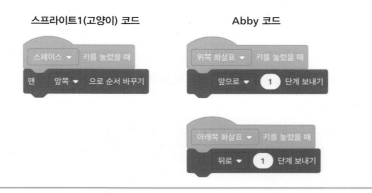

스프라이트의 이름 크기 및 배경 이름

위의 블록은 각각 스프라이트의 번호 또는 이름, 배경의 번호 또는 이름, 스프라이트의 크기를 저장하고 있는 블록이다. 블록 창에서 이 블록들의 왼쪽에 있는 박스에 체크 표시를 하면 현재 스프라이트 번호나 크기, 현재 배경의 번호나 이름 등을 무대의 상태 바로 출력할 수 있다.

〉컴퓨팅 사고　스프라이트와 배경번호 확인하기

무대의 배경에 "Baseball 1"과 "Baseball 2"를 추가해보자. 위쪽 화살표 키를 누르면 고양이의 모양이 10씩 커지며 다음 모양으로 바뀌고, 스페이스 키를 누르면 무대의 배경이 다음 배경으로 바뀌도록 스크립트를 작성해보자. 또한 모양, 배경, 크기 블록의 왼쪽 박스에 체크 표시하여 무대에 나타난 상태 바가 어떻게 작동하는지를 확인해보자.

고양이 스프라이트를 선택하고 다음과 같이 모양, 배경, 크기에 체크 표시하고 스크립트를 작성한다.

실습문제 ③ 우주를 나는 고양이

나는 고양이 모양의 스프라이트를 이용하여 고양이가 오른쪽, 왼쪽, 위쪽, 아래쪽 화살표 키를 누를 때마다 화살표 방향으로 날아다니는 스크립트를 만들어 보자.

스프라이트/무대	동작과정
Cat Flying Cat Flying	**오른쪽 화살표 키를 눌렀을 때** ■ 모양을 cat flying-a로 바꾸기 ■ 90도 방향 보기 ■ 10만큼 움직이기 **왼쪽 화살표 키를 눌렀을 때** ■ 모양을 cat flying-a로 바꾸기 ■ 회전 방식을 왼쪽-오른쪽으로 정하기 ■ -90도 방향 보기 ■ 10만큼 움직이기

스프라이트/무대	동작과정
	위쪽 화살표 키를 눌렀을 때 ■ 모양을 cat flying−b로 바꾸기 ■ 90도 방향 보기 ■ y좌표를 10만큼 바꾸기 **아래쪽 화살표 키를 눌렀을 때** ■ 모양을 cat flying−b로 바꾸기 ■ 회전 방식을 회전하기로 정하기 ■ 180도 방향 보기 ■ 10만큼 움직이기 ※ 스프라이트 크기를 70으로 설정
배경	[우주] Galaxy

STEP 1 배경과 스프라이트 선택

- 기본으로 주어지는 스프라이트 "스프라이트 1"(고양이)을 삭제한다.
- 스프라이트 고르기를 클릭하여 "Cat Flying" 스프라이트를 선택한다.
- 배경을 넓게 사용하기 위해 스프라이트의 크기를 70으로 설정한다.
- 배경 고르기를 클릭하여 [우주]의 "Galaxy"를 선택한다.

STEP 2 'Cat Flying'의 프로그래밍

❶ 오른쪽 화살표 키를 누를 때
- 직선으로 나는 모양을 표현하기 위해 모양을 'cat flying-a'로 바꾼다.
- 바라보는 방향이 오른쪽이 되도록 90도 방향 보기를 선택한다.
- 바라보는 방향으로 이동한다.

❷ 왼쪽 화살표 키를 누를 때
- 직선으로 나는 모양을 표현하기 위해 모양을 'cat flying-a'로 바꾼다.
- 고양이가 뒤집히지 않도록 회전 방식을 왼쪽-오른쪽으로 선택한다.
- 바라보는 방향이 왼쪽이 되도록 −90도 방향 보기를 선택한다.
- 바라보는 방향으로 이동한다.

❸ 위쪽 화살표 키를 누를 때
- 위쪽으로 나는 모양을 표현하기 위해 모양을 'cat flying-b'로 바꾼다.
- 바라보는 방향이 위쪽이 되도록 90도 방향 보기를 선택한다.
- 위쪽으로 이동하도록 y좌표를 10만큼 바꾼다.

❹ 아래쪽 화살표 키를 누를 때

- 아래쪽으로 나는 모양을 표현하기 위해 모양을 'cat flying-b'로 바꾼다.
- 고양이가 자연스럽게 회전할 수 있도록 회전 방식을 회전하기로 정한다.
- 바라보는 방향이 아래쪽이 되도록 180도 방향 보기를 선택한다.
- 바라보는 방향으로 이동한다.

4.3 애니메이션 구현

스프라이트의 배경과 모양을 변형하고 2절에서 다룬 형태 블록을 이용하면 다양한 이야기를 소재로 한 애니메이션을 구현할 수 있다. 다음의 실습문제와 응용문제로 몇 가지 애니메이션을 구현해 본다.

실습문제 4 춤추는 사람

춤추는 모양을 갖고 있는 스프라이트 "Champ99"를 활용하여 네온 터널에서 춤을 추는 애니메이션을 만들어 보자.

스프라이트/무대	동작과정
Champ99 Champ99	**깃발을 클릭했을 때** ■ x: 0, y: −10으로 이동하기 ■ 모양을 champ99−b 로 바꾸기 ■ 1초 기다리기 ■ 10번 반복하기 ▶ 소용돌이 효과를 30만큼 바꾸기 ▶ 0.25초 기다리기 ▶ 다음 모양으로 바꾸기 ▶ 0.25초 기다리기 ▶ 소용돌이 효과를 −30만큼 바꾸기 ▶ 0.25초 기다리기 ■ 모양을 champ99−c 로 바꾸기
배경	[우주] Neon Tunnel

- 배경은 [우주] 카테고리에서 "Neon Tunnel"을 선택한다.
- 스프라이트는 [사람들] 카테고리에서 "Champ99"를 선택한다.
- 기존의 스프라이트 "스프라이트 1"은 삭제한다.

STEP 2　'Champ99'의 프로그래밍

- 깃발을 클릭하면 스프라이트를 시작위치 x: 0, y: -10으로 이동한다.
- 시작 모양을 'champ99-b'로 선택한다.
- 1초 기다리기로 잠시 기다렸다 춤을 추도록 설정한다.
- 다음을 10회 반복한다.
  - ▶ 춤의 효과를 높이기 위해 소용돌이 효과를 30만큼 바꾼다.
  - ▶ 0.25초 기다리고 모양을 다음 모양으로 바꾼다.
  - ▶ 0.25초 기다린 후 소용돌이 효과를 없애기 위해 소용돌이 효과를 −30만큼 바꾼다.
  - ▶ 다시 0.25초 기다린 후 처음 과정을 반복한다.
- 끝내기 모양을 'champ99-c'로 선택한다.

실습문제 ❺ 부르면 달려와 인사하는 고양이

운동장에서 소녀가 고양이를 부르면 고양이가 달려와 서로가 인사를 하는 애니메이션을 구현해보자. 소녀가 "고양아~~!"라고 부르면 멀리 있는 고양이가 "야옹~~!"이라 답하고, 소녀에게로 달려와 "안녕~~ Abby!"라고 인사하고, 소녀 또한 "안녕~~ 고양이!"라고 인사하는 프로그램을 만든다. 고양이가 멀리서 다가오는 모습을 구현하기 위해 고양이가 앞으로 나올수록 점점커지도록 스크립트를 만들어 보자.

스프라이트/무대	동작과정
Cat Cat	**깃발을 클릭했을 때** ■ 크기를 10%로 정하기 ■ x: −200, y: 50으로 이동하기 ■ 2초 기다리기 ■ "야옹~~!"을 2초 동안 말하기 ■ 15번 반복하기 　▶ x좌표를 20만큼 바꾸기 　▶ y좌표를 −10만큼 바꾸기 　▶ 크기를 5만큼 바꾸기 　▶ 0.1초 기다리기 　▶ 다음 모양으로 바꾸기 ■ 모양을 cat−a로 바꾸기 ■ "안녕~~ Abby!" 말하기
Abby Abby	**깃발을 클릭했을 때** ■ x: 180, y: −60으로 이동하기 ■ 회전 방식을 왼쪽−오른쪽으로 정하기 ■ −90도 방향 보기 ■ "고양아~~!"를 3초 동안 말하기 ■ 4초 기다리기 ■ "안녕~~ 고양아!" 말하기
배경	[실외] Playing Field

배경과 스프라이트 선택

- 배경은 [실외] 카테고리에서 "Playing Field"를 선택한다.
- 스프라이트는 [동물] 카테고리에서 "Cat"과 [사람들] 카테고리에서 "Abby"를 선택한다.
- 기존의 스프라이트 "스프라이트 1"은 삭제한다.

STEP 2 **'Cat'의 프로그래밍**

❶ **시작위치로 이동**

- 깃발을 클릭하면 멀리 있는 고양이를 표현하기 위해 크기를 10%로 설정하고, 시작위치인 (-200, 50)으로 이동한다.

❷ **Abby가 부르면 대답하고 Abby앞으로 이동하기**

- Abby가 "고양아~~!"라고 부른 후에 대답하도록 2초 기다리고, "야옹~~!"을 2초 동안 말한다.
- Abby가 있는 장소로 이동하도록 x좌표를 20, y좌표를 −10씩 바꾸기를 15회 반복한다.
- 화면 앞으로 다가오는 원근감과 걷는 모습을 표현하기 위해 크기를 5만큼 바꾸기, 0.1초 기다리기와 모양 바꾸기를 15회 반복한다.
- Abby 앞에 다가오면 모양을 처음 모양 'cat-a'로 변형하고, Abby에게 "안녕~~ Abby!"라고 인사한다.

STEP 3 **'Abby'의 프로그래밍**

❶ **시작위치로 이동**

- 깃발을 클릭하면 시작위치인 (180, -60)으로 이동한다.
- 고양이 쪽을 바라볼 수 있도록 회전 방식을 왼쪽-오른쪽으로 정하고, −90도 방향 바라보기로 왼쪽을 보도록 한다.

❷ **고양이를 부르고 인사하기**

- "고양아~~!"를 3초 동안 말하고, 고양이가 대답하고 다가오는 시간과 인사하는 시간을 감안하여 4초 동안 기다린다.
- 고양이의 인사가 끝나면 "안녕~~ 고양이!"라고 인사한다.

클릭했을 때
크기를 10 %로 정하기
x: -200 y: 50 (으)로 이동하기
2 초 기다리기
야옹~~! 을(를) 2 초 동안 말하기

15 번 반복하기
- x 좌표를 20 만큼 바꾸기
- y 좌표를 -10 만큼 바꾸기
- 크기를 5 만큼 바꾸기
- 0.1 초 기다리기
- 다음 모양으로 바꾸기

모양을 cat-a ▼ (으)로 바꾸기

안녕~~ Abby! 말하기

클릭했을 때
x: 180 y: -60 (으)로 이동하기
회전 방식을 왼쪽-오른쪽 ▼ (으)로 정하기
-90 도 방향 보기
고양아~~! 을(를) 3 초 동안 말하기
4 초 기다리기
안녕~~ 고양이! 말하기

응용문제 ① 춤추는 발레리나

발레리나가 "안녕하세요!"라고 인사하고 무대 위에서 춤을 추며 무대 위를 이동하는 스크립트를 만들어 보자. 춤추는 모습이 극대화 되도록 스크립트에 블록을 추가해보자.

동작과정

- 깃발을 클릭했을 때 발레리나가 무대의 정중앙에 서서 "안녕하세요!"라고 인사한다.
- 인사를 마친 발레리나는 춤을 추며 무대의 오른쪽으로 이동한다.
- 무대의 벽에 닿으면 다시 반대방향으로 이동하며 춤을 춘다.

스프라이트/무대	동작과정

Ballerina
 	
![Ballerina]
Ballerina
	깃발을 클릭했을 때
	
	■ x: 0, y: −55 로 이동하기
	■ 90도 방향보기
	■ 모양을 ballerina−a로 바꾸기
	■ "안녕하세요!"를 2초 동안 말하기
	■ 회전 방식을 왼쪽−오른쪽으로 정하기
	■ 무한 반복하기
	  ▷ 10만큼 움직이기
	  ▷ 0.2초 기다리기
	  ▷ 다음 모양으로 바꾸기
	  ▷ y좌표를 30만큼 바꾸기
	  ▷ 0.2초 기다리기
	  ▷ y좌표를 −30만큼 바꾸기
	  ▷ 벽에 닿으면 튕기기

배경	[실내] Theater

응용문제 ② 날아갔다 돌아오는 큰부리새

큰부리새(Toucan)가 바닷가(Boardwalk)에서 날아올라 바다 멀리 날아갔다가 돌아와 부둣가에 다시 앉는 애니메이션을 만들어 보자.

동작과정

- 깃발을 클릭하면 바닷가에 앉아 있던 큰부리새가 바다 멀리 날아간다.
- 멀리 날아갔던 새가 다시 날아와 처음 시작 장소에 앉는다.
- 날고 있는 모습을 표현하기 위해 날개를 퍼덕인다.
- 원근감을 주기 위해 멀리 날아갈수록 점점 작아지고, 돌아올 때는 점점 커진다.

스프라이트/무대	동작과정

Toucan
 	
Toucan
	깃발을 클릭했을 때
	■ 모양을 'toucan-a'로 바꾸기
	■ 90도 방향 보기
	■ x: -180, y: -80으로 이동하기
	■ 크기를 100%로 정하기
	■ 40번 반복하기
	  ▷ 모양을 'toucan-b'로 바꾸기
	  ▷ 0.05초 기다리기
	  ▷ 모양을 'toucan-c'로 바꾸기
	  ▷ 0.05초 기다리기
	  ▷ x좌표를 10만큼 바꾸기
	  ▷ y좌표를 5만큼 바꾸기
	  ▷ 크기를 -2만큼 바꾸기
	■ 회전 방식을 왼쪽-오른쪽으로 정하기
	■ -90도 방향 보기
	■ 40번 반복하기
	  ▷ 모양을 'toucan-b'로 바꾸기
	  ▷ 0.05초 기다리기
	  ▷ 모양을 'toucan-c'로 바꾸기
	  ▷ 0.05초 기다리기
	  ▷ x좌표를 -10만큼 바꾸기
	  ▷ y좌표를 -5만큼 바꾸기
	  ▷ 크기를 2만큼 바꾸기
	■ 90도 방향 보기
	■ 모양을 'toucan-a'로 바꾸기

배경	[실외] Boardwalk

1. 무대의 고양이에게 다음 그림과 같은 말풍선이 나타났다가 사라졌다. 다음 중 어떤 블록을 실행시킨 것일까?

2. 스프라이트의 가장 작은 크기와 가장 큰 크기의 값으로 올바른 것은?
   ① 가장 작은 크기: 10, 가장 큰 크기: 535
   ② 가장 작은 크기: 5, 가장 큰 크기: 535
   ③ 가장 작은 크기: 10, 가장 큰 크기: 530
   ④ 가장 작은 크기: 5, 가장 큰 크기: 530

3. 스프라이트의 크기가 현재 100이다. 다음의 스크립트를 실행할 때 스프라이트의 크기는 얼마인가?

4. 고양이 스프라이트에 그래픽 효과를 주었더니 다음의 모양이 되었다. 고양이 스프라이트에 시행한 그래픽 효과는?

❶ 어안렌즈   ❷ 소용돌이   ❸ 픽셀화   ❹ 모자이크

5. 다음의 두 스크립트를 실행해보고, 스프라이트를 클릭하거나 스페이스 키를 누를 때 어떤 변화가 있는지 확인해보자.

COMPUTATIONAL THINKING
Using SCRATCH

스프라이트 소리

학습목표 ....

1. 스프라이트의 소리 블록에 대해 알아본다.
2. 음악 블록에 대해 알아본다.
3. 음악 블록을 이용하여 다양한 악기 소리를 구현해본다.

학습목차 ....

5.1 스프라이트 소리 설정
5.2 악기 소리 출력하기

5.1 스프라이트 소리 설정

스크래치의 프로그램을 이용하여 악기 소리, 멜로디, 녹음 파일 등과 같은 다양한 음원을 출력할 수 있다. 또한 각각의 스프라이트는 자신의 소리를 가지고 있으며 소리 블록을 이용하여 이 소리를 출력할 수 있다. 특정 스프라이트가 어떠한 소리를 가지고 있는지는 스프라이트의 소리 탭을 클릭하여 확인할 수 있고 이들을 편집할 수도 있다.

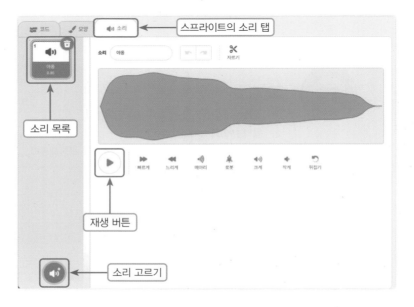

위의 그림은 고양이 스프라이트의 소리 탭을 클릭한 것이다. 재생 버튼을 클릭하면 그 소리를 들을 수 있다. 소리 고르기를 클릭하여 소리를 추가할 수 있고, 소리목록의 휴지통 모양을 클릭하여 소리를 삭제할 수도 있다.

스프라이트의 소리를 다룰 수 있는 블록은 소리 블록에 모아져 있으며 블록의 종류는 다음의 표와 같다.

표 5-1 소리 블록

블록 형태	설명
야옹 ▼ 끝까지 재생하기	선택한 소리를 모두 재생하고 다음 블록 실행
야옹 ▼ 재생하기	선택한 소리를 재생하며 다음 블록 실행
모든 소리 끄기	재생되고 있는 모든 소리 끄기
음 높이 ▼ 효과를 10 만큼 바꾸기	음높이나 음향위치를 입력한 값만큼 변경
음 높이 ▼ 효과를 100 로 정하기	음높이나 음향위치를 입력한 값으로 설정
소리 효과 지우기	설정된 음높이나 음향위치의 효과를 지움
음량을 -10 만큼 바꾸기	음량을 입력한 값만큼 변경
음량을 100 % 로 정하기	음량을 입력한 값으로 설정
음량	음량 값을 저장하고 있는 블록

소리 재생 및 끄기

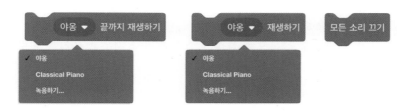

"00 끝까지 재생하기" 블록은 선택한 소리가 모두 끝날 때까지 다음 블록을 실행하지 않고 소리 재생이 모두 끝난 후에 다음 블록을 실행한다.

"00 재생하기" 블록은 선택한 소리를 출력하면서 다음 블록을 실행한다.

"모든 소리 끄기" 블록은 현재 출력되고 있는 모든 소리를 멈춘다.

고양이 소리에 "Classical Piano"를 추가하자. 다음과 같이 실행되는 스크립트를 작성해보자.

1. 깃발을 클릭하면 Classical Piano 연주가 실행되고 연주가 끝나면 고양이가 오른쪽으로 200만큼 이동한다.

2. 깃발을 클릭하면 Classical Piano 연주가 실행되고 동시에 고양이도 오른쪽으로 200만큼 이동한다.

3. 스페이스 키를 누르면 위의 1번 또는 2번에서 진행되고 있는 연주가 끝난다.

소리 효과 설정 및 지우기

위의 블록은 음높이나 음향위치를 설정하는 블록이다. 입력 값은 양수나 음수를 모두 입력할 수 있다. 음높이의 경우 양수를 입력하면 음높이가 올라가고 음수를 입력하면 음높이가 낮아진다. 음향위치는 음향 출력의 방향을 설정하며 양수를 입력하면 오른쪽 출력을 높이고, 음수를 입력하면 왼쪽 출력을 높인다.

소리효과 지우기는 앞의 두 블록으로 설정한 소리 효과를 지우고 초기 상태로 만든다.

스페이스 키를 누를 때마다 야옹 소리가 10씩 높아지는 스크립트와 스프라이트를 클릭하면 이 소리 효과가 없어지는 스크립트를 작성해보자.

음량 설정

    "음량을 00만큼 바꾸기" 블록은 소리의 크기를 입력 값만큼 바꾸는 블록이다. 음량의 기본 설정 값은 100이고, 음수나 양수를 입력하여 소리를 줄이거나 키울 수 있다.
    "음량을 00%로 정하기" 블록은 0~100까지의 수를 입력하여 음량을 결정할 수 있다.
    마지막의 "음량" 블록은 현재의 음량 값을 저장하고 있는 블록으로 블록 왼쪽의 박스에 체크 표시하여 현재의 음량을 무대의 상태 바로 표시할 수 있다.

⟩ 컴퓨팅 사고　음량 바꾸기

스페이스 키를 누를 때마다 야옹 소리가 10씩 작아지거나 커지는 스크립트를 작성해보자. 이때 '음량' 블록의 왼쪽 박스에 체크 표시하여 무대에 음량 상태 바가 나타나도록 하고, 음량의 변화를 확인해보자.

실습문제 ❶ 음량이 0이면 멈추는 고양이

고양이 스프라이트의 처음 음량을 100%로 설정하고 "야옹" 소리를 낸 후에 무작위 위치로 이동하는 스크립트를 만들어 보자. 음량이 10씩 감소하여 음량이 0이면 고양이의 이동을 멈추도록 하고, 음량 상태 바를 무대에 출력하여 음량의 변화를 확인하자.

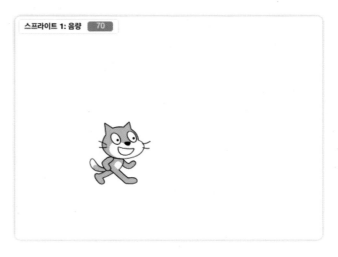

스프라이트/무대	동작과정
스프라이트 1 스프라이트 1	**깃발을 클릭했을 때** ■ 음량을 100%로 정하기 ■ 10번 반복하기 ▷ 야옹을 끝까지 재생하기 ▷ 무작위 위치로 이동하기 ▷ 음량을 −10만큼 바꾸기
배경	없음

STEP 1 스프라이트 선택

- 기본으로 주어지는 스프라이트 "스프라이트 1"(고양이)를 이용한다.

STEP 2 '스프라이트 1'의 프로그래밍

- 시작 음량을 100%로 정한다.
- 음량이 0이면 멈추도록 음량 10씩 감소와 무작위 위치로 이동하기를 10회 반복한다.

실습문제 ② 음악에 맞춰 춤추는 발레리나

깃발을 클릭하면 "안녕하세요!"를 2초 동안 말하고 음악에 맞춰 춤을 추는 발레리나를 묘사하는 스크립트를 만들어 보자.

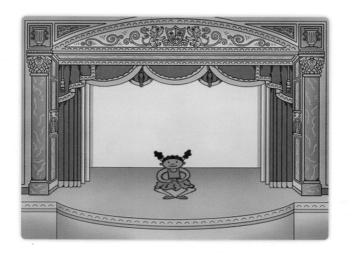

스프라이트/무대	동작과정
Ballerina Ballerina	**깃발을 클릭했을 때** ■ x: 0, y: −50으로 이동하기 ■ 90도 방향보기 ■ 모양을 ballerina−a 로 바꾸기 ■ "안녕하세요!"를 2초 동안 말하기 ■ 무한 반복하기 　▶ y좌표를 20만큼 바꾸기 　▶ 0.2초 기다리기 　▶ y좌표를 −20만큼 바꾸기 　▶ 다음 모양으로 바꾸기 　▶ 0.2초 기다리기 **깃발을 클릭했을 때** ■ 2초 동안 기다리기 ■ 무한 반복하기 　▶ Classical Piano 끝까지 재생하기
배경	[실내] Theater

STEP 1　스프라이트, 배경, 음악 선택

- 배경은 [실외] 카테고리의 Theater를 선택한다.
- 스프라이트는 [사람들] 카테고리의 Ballerina를 선택한다(기존의 스프라이트는 삭제).
- 스프라이트 소리 탭의 소리 고르기를 클릭하여 [반복] 카테고리의 Classical Piano를 선택한다.

'Ballerina'의 프로그래밍

❶ 발레리나의 춤추는 동작

- 깃발을 누르면 발레리나가 무대의 정중앙에서 "안녕하세요!"라고 인사하고, 춤추는 효과
  를 주기 위해 위, 아래로의 이동하기와 다음 모양으로 바꾸기를 무한 반복한다.

❷ 음악 출력

- 깃발을 누르면 인사하는 시간 동안 기다리고 음악이 무한 반복하여 출력되도록 스크립트
  를 작성한다.

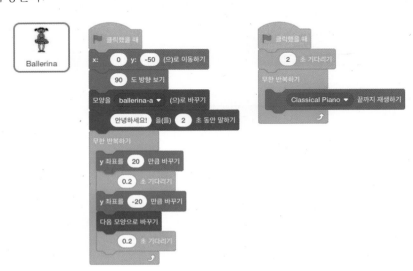

5.2 악기 소리 출력하기

음악 블록을 추가하면 설정한 박자에 맞추어 다양한 악기를 연주할 수 있다. 음악 블록을 추가하는 방법은 아래의 그림과 같이 스크래치 화면의 왼쪽 하단에 [확장 기능 추가하기]를 클릭한다.

화면에 나타나는 여러 가지 확장 기능 중에서 [음악]을 클릭한다.

음악 블록을 추가하면 스크래치 화면 왼쪽의 블록모음에 음악 블록 모음이 생성되고 이 블

록을 클릭하면 음악과 관련된 블록들이 나타난다. 음악에 관련된 블록의 종류는 다음의 표와 같다.

표 5-2 음악 블록

블록 형태	설명
(1) 스네어 드럼 ▼ 번 타악기를 0.25 박자로 연주하기	다양한 타악기를 입력한 박자로 연주
0.25 박자 쉬기	입력한 박자만큼 쉬기
60 번 음을 0.25 박자로 연주하기	피아노의 음을 선택하여 입력한 박자로 연주
악기를 (1) 피아노 ▼ (으)로 정하기	연주할 악기 선택
빠르기를 60 (으)로 정하기	빠르기를 입력한 값으로 설정
빠르기를 20 만큼 바꾸기	빠르기를 입력한 값만큼 바꾸기
빠르기	빠르기 값을 저장하고 있는 블록

타악기 연주하기

드럼, 심벌, 탬버린 등과 같은 다양한 타악기를 입력한 박자로 연주하는 블록이다.

〉컴퓨팅 사고　타악기 연주하기

스페이스 키를 누르면 타악기가 무한 반복으로 연주되는 스크립트를 작성해보자. 타악기의 종류와 박자를 변경하여 여러 가지 타악기 소리와 박자를 관찰해보자.

박자 쉬기

현재 연주하는 악기 소리를 입력한 박자만큼 쉬게 하는 블록이다.

〉컴퓨팅 사고 박자 쉬기

위에서 작성한 스크립트에 박자 쉬기 블록을 추가하여 연주가 어떻게 달라지는지 알아보자.

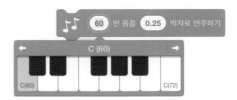

피아노 음 연주하기

피아노의 음을 수치로 입력하여 입력한 음을 주어진 박자로 연주한다. 음을 나타내는 숫자를 클릭하면 피아노 건반을 보여주고 피아노을 이용해 음을 선택하도록 도와준다. 0번(C)에서 130번(Bb)까지의 음을 선택할 수 있다.

〉컴퓨팅 사고 피아노 음 연주하기

피아노의 건반을 선택하여 '고향의 봄' 첫 마디를 연주하도록 스크립트를 작성해보자.

악기 선택하기

건반악기나 관악기 등 다양한 악기를 선택하여 연주할 수 있도록 한다.

〉 컴퓨팅 사고 악기 선택하기

위에서 만든 '고향의 봄'을 연주하는 스크립트와 악기선택 블록을 결합하여 다양한 악기를 이용하여 고향의 봄을 연주해보자.

빠르기 바꾸기

빠르기를 입력한 값으로 설정하거나, 입력한 값만큼 바꾸는 블록이다. 빠르기의 입력 값은 분당 비트수이다. "빠르기를 00만큼 바꾸기" 블록은 20에서 500까지의 값을 입력할 수 있다.

　"빠르기" 블록은 빠르기 값을 저장하고 있는 블록이고 블록 왼쪽의 박스에 체크 표시하여 빠르기 값을 무대에 나타나도록 할 수 있다.

〉 컴퓨팅 사고 빠르기 바꾸기

스네어 드럼을 0.25박자로 연주하기와 빠르기를 60으로 정하기 블록을 결합하여 스페이스 키를 누르면 스네어 드럼을 입력한 빠르기 값으로 무한 반복하여 연주하는 스크립트를 작성해보자. 현재의 빠르기를 확인할 수 있도록 무대에 빠르기 값을 표시하고, 연주가 어떻게 되는지 관찰해보자.

실습문제 ③ 클릭하면 연주하는 타악기

여러 종류의 악기를 무대에 배치하고 각각의 악기를 클릭하면 악기 소리가 나는 스크립트를 만들어 보자.

스프라이트/무대	동작과정
Drum-snare Drum-snare	**이 스프라이트를 클릭했을 때** ■ 4번 반복하기 ▶ 1번 타악기를 0.25 박자로 연주하기 ▶ 다음 모양으로 바꾸기
Drum Kit Drum Kit	**이 스프라이트를 클릭했을 때** ■ 4번 반복하기 ▶ 2번 타악기를 0.25 박자로 연주하기 ▶ 다음 모양으로 바꾸기
Drum-highhat Drum-high...	**이 스프라이트를 클릭했을 때** ■ 4번 반복하기 ▶ 4번 타악기를 0.25 박자로 연주하기 ▶ 0.5박자 쉬기 ▶ 다음 모양으로 바꾸기
Drum-cymbal Drum-cym...	**이 스프라이트를 클릭했을 때** ■ 4번 반복하기 ▶ 5번 타악기를 0.25 박자로 연주하기 ▶ 다음 모양으로 바꾸기
배경	[실내] Hall

STEP 1 　배경과 스프라이트 선택

- 배경은 [실내] 카테고리에서 "Hall"을 선택한다.
- 스프라이트는 [음악] 카테고리에서 "Drum-snare", "Drum Kit", "Drum-highhat", "Drum-cymbal"을 선택하고 기존의 스프라이트는 삭제한다.

악기의 프로그래밍

- 악기에 적당한 소리를 갖는 타악기를 0.25박자로 4번씩 연주하도록 한다.
- 연주하는 모습을 표현하기 위해 연주할 때마다 다음 모양으로 바꾸기를 실행한다.
- Drum-highhat은 4번이 연주되는지 확인할 수 있도록 0.5박자 쉬었다가 연주하도록 한다.

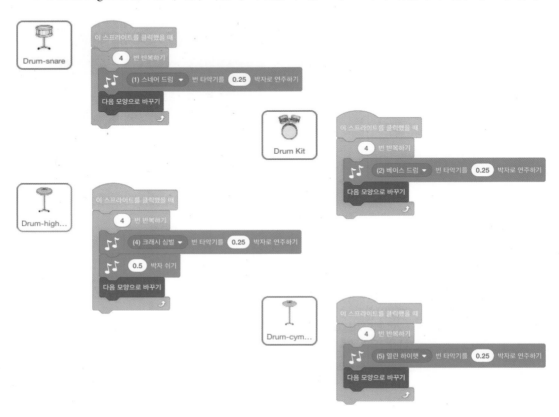

응용문제 1 멜로디에 맞추어 합창하기

멜로디가 연주되고 이에 맞추어 합창을 하는 스크립트를 만들어 보자.

동작과정

- 깃발을 클릭하면 전자기타와 타악기의 멜로디가 시작된다.
- 스페이스 키를 누르면 이 멜로디에 맞추어 합창단이 노래를 한다.
- 마우스 포인터가 성악가의 몸에 닿으면 합창은 멈추고 스페이스 키를 누르면 다시 합창을 시작한다.

스프라이트/무대	동작과정

Singer1	**스페이스 키를 눌렀을 때**
	■ 악기를 (15)합창단으로 정하기
	■ 무한 반복하기
	  ▶ 60 번 음을 0.5 박자로 연주하기
	  ▶ 64 번 음을 0.25 박자로 연주하기
	  ▶ 67 번 음을 0.5 박자로 연주하기
	  ▶ 64 번 음을 0.25 박자로 연주하기
	  ▶ 67 번 음을 0.5 박자로 연주하기
	  ▶ 만약 '마우스포인터에 닿았는가'라면
	    ◆ 멈추기 '이 스크립트'

guitar-electric2	**깃발을 클릭했을 때**
	■ 악기를 전자기타로 정하기
	■ 무한 반복하기
	  ▶ 60 번 음을 0.5 박자로 연주하기
	  ▶ 64 번 음을 0.25 박자로 연주하기
	  ▶ 67 번 음을 0.5 박자로 연주하기
	  ▶ 64 번 음을 0.25 박자로 연주하기
	  ▶ 67 번 음을 0.5 박자로 연주하기

Drum-snare	**깃발을 클릭했을 때**
	■ 무한 반복하기
	  ▶ 1 번 타악기를 0.25 박자로 연주하기
	  ▶ 3 번 타악기를 0.25 박자로 연주하기
	  ▶ 3 번 타악기를 0.25 박자로 연주하기
	  ▶ 1 번 타악기를 0.25 박자로 연주하기

배경	[실내] Theater

응용문제 ② 고향의 봄 연주하기

여러 가지 악기로 고향의 봄 한 소절을 연주해보자.

동작과정

- 깃발을 클릭하면 첼로, 오르간으로 고향의 봄 한 소절을 연주한다.
- 적당한 리듬으로 타악기를 연주한다.
- 다음의 악보를 보고 음을 코딩하고 한 박자를 0.5로 한다.

스프라이트/무대	동작과정
guitar-electric1 Guitar-ele...	**깃발을 클릭했을 때** ■ 악기를 (8)첼로로 정하기 ■ 67 번 음을 0.5 박자로 연주하기 ■ 67 번 음을 0.5 박자로 연주하기 ■ 64 번 음을 0.25 박자로 연주하기 ■ 65 번 음을 0.25 박자로 연주하기 ■ 67 번 음을 0.5 박자로 연주하기 ■ 69 번 음을 0.5 박자로 연주하기 ■ 69 번 음을 0.5 박자로 연주하기 ■ 67 번 음을 1 박자로 연주하기 ■ 67 번 음을 0.5 박자로 연주하기 ■ 72 번 음을 0.5 박자로 연주하기 ■ 76 번 음을 0.5 박자로 연주하기 ■ 74 번 음을 0.25 박자로 연주하기

스프라이트/무대	동작과정
	▪ 72 번 음을 0.25 박자로 연주하기 ▪ 74 번 음을 2 박자로 연주하기
Keyboard Keyboard	**깃발을 클릭했을 때** ▪ 악기를 (3)오르간으로 정하기 ▪ 67 번 음을 0.5 박자로 연주하기 ▪ 67 번 음을 0.5 박자로 연주하기 ▪ 64 번 음을 0.25 박자로 연주하기 ▪ 65 번 음을 0.25 박자로 연주하기 ▪ 67 번 음을 0.5 박자로 연주하기 ▪ 69 번 음을 0.5 박자로 연주하기 ▪ 69 번 음을 0.5 박자로 연주하기 ▪ 67 번 음을 1 박자로 연주하기 ▪ 67 번 음을 0.5 박자로 연주하기 ▪ 72 번 음을 0.5 박자로 연주하기 ▪ 76 번 음을 0.5 박자로 연주하기 ▪ 74 번 음을 0.25 박자로 연주하기 ▪ 72 번 음을 0.25 박자로 연주하기 ▪ 74 번 음을 2 박자로 연주하기
Drum-snare Drum-snare	**깃발을 클릭했을 때** ▪ 4번 반복하기 ▷ 1 번 타악기를 1 박자로 연주하기 ▷ 5 번 타악기를 0.5 박자로 연주하기 ▷ 3 번 타악기를 0.25 박자로 연주하기 ▷ 3 번 타악기를 0.25 박자로 연주하기
drum-cymbal Drum-cym...	**깃발을 클릭했을 때** ▪ 4번 반복하기 ▷ 4 번 타악기를 2 박자로 연주하기
배경	[실외] Bench With View

1. 고양이 스프라이트에서 다음의 스크립트를 실행할 때 나타나는 고양이의 행동으로 옳은 것은?

   ❶ 고양이가 "야옹" 소리와 함께 10만큼 이동한다.
   ❷ 고양이가 "야옹" 소리의 중간에 10만큼 이동한다.
   ❸ 고양이가 "야옹" 소리를 낸 후에 10만큼 이동한다.
   ❹ 고양이가 "야옹" 소리를 내고 1초 후에 10만큼 이동한다.

2. 다음 두 스크립트를 실행하여 차이점이 있는지 확인해보고, 차이점이 있다면 그 이유를 설명해보자.

3. 다음의 두 스크립트를 작성하여 깃발을 클릭하거나 스페이스 키를 누를 때 어떠한 변화가 있는지 확인해보자.

4. 다음의 코드를 작성하여 스네어 드럼 소리의 빠르기가 어떻게 바뀌는지 확인해보자.

5. 스페이스 키를 눌렀을 때 다음이 무한 반복되도록 스크립트를 작성해보자.

1) 스네어 드럼 1박자로 연주

2) 열린 하이햇 0.5박자로 연주

3) 사이드 스틱 0.5박자로 연주

COMPUTATIONAL THINKING
Using SCRATCH

CHAPTER 06

이벤트

학습목표 ....

1. 이벤트에 대해 이해하고, 이벤트 블록을 활용하여 특정 사건에 동작하게 할 수 있다.
2. 이벤트 신호를 보내고 신호를 전달받으면서 동작을 실행시킬 수 있다.
3. 이벤트 블록을 활용하여 다양한 게임을 작성할 수 있다.

학습목차 ....

6.1 이벤트의 이해
6.2 이벤트 블록 익히기
6.3 이벤트 블록 프로그래밍

6.1   이벤트의 이해

이벤트(Event)란 사용자가 어떤 움직임을 했을 때 발생되는 현상을 말한다. 예를 들어 마우스를 움직였을 때, 키보드를 눌렀을 때, 스프라이트를 클릭했을 때 등 모든 동작들이 이벤트를 발생시킨다. 이때 이벤트가 발생하면 특정 동작을 실행하도록 프로그램의 시작점으로 할 수 있다.

이벤트 블록 알아보기

이벤트 블록이란 이벤트를 관리하고, 메시지 신호를 보내거나 받을 수 있도록 하는 블록이다. 이벤트 카테고리에는 스크래치 프로젝트를 실행시키면 제일 먼저 시작되는 "깃발을 클릭했을 때" 블록을 비롯하여 "배경이 바뀌었을 때", "메시지 신호를 받았을 때" 등 특정 명령 블록들을 활성화시키기 위한 여러 시작 상황에 대한 블록들이 있다. 표 6-1은 스크래치가 제공하는 이벤트 블록들이다.

표 6-1 이벤트 블록의 유형

블록 형태	설명
클릭했을 때	깃발을 클릭했을 때 프로그램을 시작하게 한다.
스페이스 ▾ 키를 눌렀을 때	키보드의 특정 키를 눌렀을 때 명령 블록들을 실행한다. (스페이스 키, 화살표 키, 알파벳 키, 숫자 키 등)
이 스프라이트를 클릭했을 때	스프라이트를 클릭했을 때 명령 블록들을 실행한다.
배경이 배경 1 ▾ (으)로 바뀌었을 때	배경이 선택한 배경으로 변경되었을 때 명령 블록들을 실행한다.
음량 ▾ > 10 일 때	음량 또는 타이머의 값이 입력한 숫자 값보다 클 때 명령 블록을 실행한다.
메시지1 ▾ 신호를 받았을 때	선택한 신호를 받았을 때 명령 블록을 실행한다.
메시지1 ▾ 신호 보내기	스프라이트들에게 이벤트 신호를 보낸다. 이때 원하는 메시지로 이벤트 신호를 정의할 수 있다.
메시지1 ▾ 신호 보내고 기다리기	스프라이트들에게 이벤트 신호를 보내고, 신호를 받은 명령 블록들의 모든 실행이 끝날 때까지 기다린 후, 이 블록 아래에 연결된 명령 블록들을 실행한다.

6.2 이벤트 블록 익히기

스페이스 키를 누르면 점프하는 고양이

스페이스 키를 누르면 고양이가 트램펄린 위에서 점프하도록 블록 스크립트를 작성해보자.

- [스프라이트 고르기]를 클릭하여 스프라이트 저장소에서 Cat과 Trampoline 스프라이트를 선택하여 무대 화면에 적절히 배치한다.
- 스페이스 키를 눌렀을 때 y좌표를 10만큼 바꾸기를 10번 반복하여 위로 움직이고, y좌표를 −10만큼 바꾸기를 10번 반복하여 아래로 움직이게 한다.

배경이 바뀌면 계절을 말하는 고양이

깃발을 클릭하면 3초마다 배경이 바뀌면서 계절을 말해주는 고양이 블록 스크립트를 작성해보자.

- 배경을 바꾸기 위해서 미리 배경을 추가해야 한다.
- 새로운 배경을 추가하기 위해서 [배경 고르기]를 클릭하여 배경 저장소에서 계절별로 적절한 배경을 선택하여 추가한다.

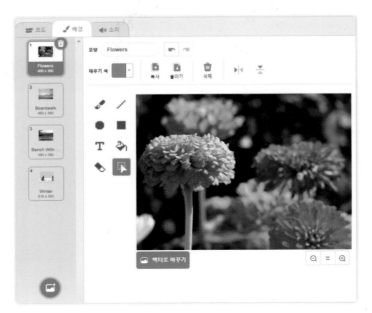

신호 보내기로 선풍기 켜고 끄기

ON 버튼을 클릭하면 신호를 보내어 선풍기가 켜지도록 하고, OFF 버튼을 클릭하면 신호를 보내어 선풍기가 꺼지도록 블록 스크립트를 작성해보자.

- On 버튼 스프라이트를 클릭했을 때 "선풍기 켜기" 신호를 보내도록 메시지를 작성할 수 있다.

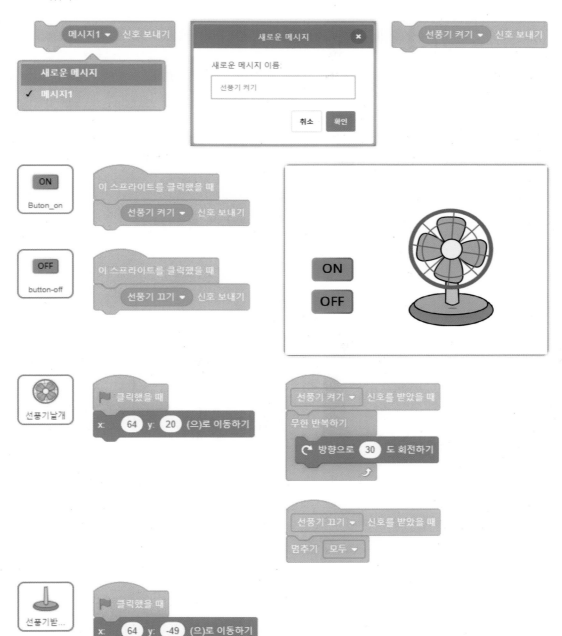

신호 보내고 기다리기로 친구와 대화하기

깃발을 클릭하면 Avery 스프라이트가 "안녕! Abby~"를 2초 동안 말하고, [메시지1] 신호를 보내고 기다린다. Abby 스프라이트는 신호를 받으면 "응~안녕! Avery!"를 2초 동안 말한다. 이후 Avery 스프라이트가 1초 기다린 후 "오늘 시간 있니?"를 2초 동안 말하는 블록 스크립트를 작성해보자.

6.3 이벤트 블록 프로그래밍

실습문제 1 축구공 슈팅 연습하기

선수가 축구공 슈팅 연습하는 모양을 구현해 본다. 축구공이 날아오면 스페이스 키를 눌러서 슈팅을 한다. 축구공이 골인을 하면 함성 소리가 나오도록 블록 스크립트를 구현해보자.

스프라이트/무대	동작과정
Ben 1 ben-a 109 × 138 2 ben-b 109 × 139	**깃발을 클릭했을 때** ■ 크기를 100%로 정하기 ■ 모양을 ben-a로 바꾸기 ■ 맨 앞쪽으로 순서 바꾸기 ■ x: -127, y: -97로 이동하기 ■ 선수준비 신호 보내기 **선수준비 신호를 받았을 때** ■ 축구공 부르기 신호 보내기 ■ 1.5초 기다리기 **스페이스 키를 눌렀을 때** ■ 모양을 ben-b로 바꾸기 ■ 0.1초 기다리기

스프라이트/무대	동작과정
	■ Kick Drum 재생하기 ■ **축구공 날라가기 신호 보내기** ■ 모양을 ben−a로 바꾸기 ■ 4초 기다리기 ■ **선수 준비 신호 보내기**
Soccer Ball Soccer Ball	**깃발을 클릭했을 때** ■ 크기를 100%로 정하기 ■ x: 245, y: −120으로 이동하기 ■ −90도 방향 보기 **축구공 부르기 신호를 받았을 때** ■ 보이기 ■ x: 245, y: −120으로 이동하기 ■ −90도 방향 보기 ■ 1초 동안 x: −75, y: −120으로 이동하기 **축구공 날라가기 신호를 받았을 때** ■ 30도 방향 보기 ■ 1초 동안 x: 0, y: 20으로 이동하기 ■ 0.3초 기다리기 ■ Goal Cheer 재생하기 ■ 숨기기
스프라이트	■ 스프라이트 저장소 − Ben, Soccer Ball
소리	■ 소리 저장소 − Kick Drum, Goal Cheer
배경	■ 배경 저장소 − Soccer

STEP 1 배경과 스프라이트 선택하기

❶ 배경 선택

- [배경 고르기]를 클릭하여 배경 저장소에서 Soccer를 선택한다.

❷ Ben 스프라이트 선택

- [스프라이트 고르기]를 클릭하여 스프라이트 저장소의 [사람] 카테고리에서 Ben 스프라이트를 선택한다.

❸ Soccer Ball 스프라이트 선택

- [스프라이트 고르기]를 클릭하여 스프라이트 저장소의 [스포츠] 카테고리에서 Soccer Ball 스프라이트를 선택한다.

❶ 시작 위치 설정하기

- 깃발을 클릭했을 때 Ben 스프라이트의 크기를 100%로 정하고, 모양을 ben-a으로 설정한다.
- 맨 앞쪽으로 순서를 바꿔서 발이 공의 앞쪽으로 오도록 설정한다.
- 위치를 x: -127, y: -97 좌표로 지정한다.
- "선수 준비" 신호 보내기로 축구공이 날아오도록 신호를 보낸다.

❷ "선수 준비 신호를 받았을 때" 동작 코드

- "축구공 부르기" 신호 보내기로 축구공이 선수 앞쪽으로 날아오도록 신호를 보내고, 1.5 초 기다리기 한다.

❸ 선수가 공을 차게 동작하기

- 스페이스 키를 눌렀을 때 모양을 ben-b로 바꾸어 공을 차는 모습으로 변경한다.
- [소리]탭을 클릭하여 소리 저장소에서 Kick Drum 소리를 추가한 다음, Kick Drum 소리 재생하기 블록을 추가하여 공을 차는 소리 효과를 낸다.
- "축구공 날라가기" 신호 보내기로 공을 찼을 때 공이 날라가게 동작하도록 신호를 보낸다.
- 모양을 다시 준비 자세 ben-a로 변경하고, 4초 후 공이 다시 날아오도록 "선수 준비" 신호를 보낸다.

Soccer Ball 설정하기

❶ Soccer Ball 위치 설정하기

- 깃발을 클릭했을 때 축구공 스프라이트의 위치를 x: 245, y: -120 좌표로 지정하고, 축구공이 오른쪽에서 왼쪽으로 날아오도록 -90도 방향 보기를 설정한다.

❷ "축구공 부르기" 신호를 받았을 때 메시지 처리

- 보이기 설정하고, 축구공의 시작 위치를 x: 245, y: -120 좌표로 설정한다.
- -90도 방향으로 설정하고, 축구공이 선수 앞에까지 이동하도록 1초 동안 x: -75, y: -120 좌표로 이동시킨다.

❸ "축구공 날라가기" 신호를 받았을 때 메시지 처리

- 축구공이 날라가는 방향을 30도 방향으로 설정하고, 1초 동안 골대 안으로 이동하도록 x: 0, y: 20 좌표로 설정한다.
- 0.3초 후 Goal Cheer 소리를 재생하고, 축구공이 보이지 않도록 숨기기 한다.

```
축구공 부르기 ▼  신호를 받았을 때

보이기

x: 245 y: -120 (으)로 이동하기

-90 도 방향 보기

1 초 동안 x: -75 y: -120 (으)로 이동하기
```

```
축구공 날라가기 ▼  신호를 받았을 때

30 도 방향 보기

1 초 동안 x: 0 y: 20 (으)로 이동하기

0.3 초 기다리기

Goal Cheer ▼ 재생하기

숨기기
```

실습문제 2 아기 코끼리 덤보의 생일 파티

생일을 맞이한 아기 코끼리 덤보와 생일을 축하하는 피코의 생일 파티 장면을 구현한다. 피코가 케익에 촛불을 켜고, 덤보가 촛불을 끄면 생일 카드가 나타난다. 생일 카드를 클릭하면 생일카드 내용이 화면에 나타나며 생일축하 음악이 재생된다.

스프라이트/무대	동작과정
Pico 2 pico-b 109 x 132	**깃발을 클릭했을 때** ■ 모양을 pico−b로 바꾸기 ■ x: −131, y: −92로 이동하기 ■ "덤보야~생일 축하해!"를 2초 동안 말하기 ■ 2.5초 기다리기 ■ "케익에 불켜자!!"를 2초 동안 말하기 ■ 케익에 불켜기 신호 보내기 ■ 1초 기다리기 ■ "촛불꺼~~"를 2초 동안 말하기 ■ 케익에 불끄기 신호 보내기 ■ 2초 기다리기 ■ "내가 준비한 생일 카드야~읽어봐!"를 2초 동안 말하기 ■ 카드 보이기 신호 보내기
덤보 1 elephant-a 196 x 109 2 elephant-b 192 x 117	**깃발을 클릭했을 때** ■ x: 147, y: −89로 이동하기 ■ 모양을 elephant−a로 바꾸기 ■ −90도 방향 보기 ■ 2.5초 기다리기 ■ "고마워~피코야!!"를 2초 동안 말하기 **케익 불끄기 신호를 받았을 때** ■ 1초 기다리기 ■ 모양을 elephant−b로 바꾸기 ■ 촛불 끄기 신호 보내기 ■ 1초 기다리기 ■ 모양을 elephant−a로 바꾸기

스프라이트/무대	동작과정
Cake 1 cake-a 128 x 106 2 cake-b 128 x 97	**깃발을 클릭했을 때** - x: −6, y: −104로 이동하기 - 모양을 cake−b로 바꾸기 **케익에 불켜기 신호를 받았을 때** - 0.5초 기다리기 - 모양을 cake−a로 바꾸기 **케익에 불끄기 신호를 받았을 때** - 0.5초 기다리기 - 모양을 cake−b로 바꾸기
생일카드 생일카드	**깃발을 클릭했을 때** - x: −2, y: −11로 이동하기 - 숨기기 **카드 보이기 신호를 받았을 때** - 보이기 **이 스프라이트를 클릭했을 때** - 숨기기 - 배경을 생일카드 배경으로 바꾸기 - Birthday 재생하기
배경 1 Party 504 x 381 2 생일카드 배경 480 x 358	**깃발을 클릭했을 때** - 배경을 Party로 바꾸기
스프라이트	- 스프라이트 저장소 − Pico, elephant, Cake - 파일 − 생일카드.svg
소리	- 소리 저장소 − Birthday
배경	- 배경 저장소 − Party - 파일 − 생일카드 배경.png

배경 선택하기

❶ 배경 선택

- [배경 고르기]를 클릭하여 배경 저장소에서 **Party**를 선택한다.

- 두 번째 배경은 배경 업로드하기를 클릭하여 "생일카드 배경.png" 파일을 업로드 한다.

❷ 배경 설정하기

- 깃발을 클릭했을 때 배경을 Party로 설정한다.

STEP 2 Pico 스프라이트 설정하기

❶ Pico 스프라이트 선택하기

- 스프라이트 저장소의 [판타지] 카테고리에서 Pico 스프라이트를 선택한다.

❷ Pico 스프라이트 코딩하기

- 깃발을 클릭했을 때 모양을 pico-b로 바꾸고, Pico의 위치를 x: -131, y: -92 좌표로 설정한다.
- Pico가 "덤보야~생일 축하해!"를 2초 동안 말하고, 덤보가 2초 동안 대답하는 동안 2.5초 기다리기를 한다.
- "케익에 불켜자~!!"를 2초 동안 말하고, "촛불 켜기" 신호 보내기를 한다.
- 촛불이 켜지면 2초 기다리기 후, "촛불꺼~"를 2초 동안 말하고, "케익 불끄기" 신호 보내기를 한다.
- 덤보가 촛불을 끄면 2초 기다리기 후, "내가 준비한 생일 카드야~읽어봐"를 2초 동안 말한다.
- 생일카드 스프라이트가 화면에 나타나도록 "카드 보이기" 신호를 보낸다.

Pico

```
🚩 클릭했을 때
모양을  pico-b ▼  (으)로 바꾸기
x:  -131  y:  -92  (으)로 이동하기
덤보야~생일 축하해!  을(를)  2  초 동안 말하기
2.5  초 기다리기
케익에 불켜자~!!  을(를)  2  초 동안 말하기
촛불 켜기 ▼  신호 보내기
2  초 기다리기
촛불꺼~~  을(를)  2  초 동안 말하기
케익 불끄기 ▼  신호 보내기
2  초 기다리기
내가 준비한 생일 카드야~읽어봐!!  을(를)  2  초 동안 말하기
카드 보이기 ▼  신호 보내기
```

STEP 3   덤보 스프라이트 설정하기

❶ 덤보 스프라이트 선택하기

- 스프라이트 저장소의 [동물] 카테고리에서 Elephant 스프라이트를 선택한다.
- 스프라이트 이름을 "덤보"로 변경한다.

❷ 덤보 스프라이트 코딩하기

- 깃발을 클릭했을 때, 덤보의 위치를 x: 147, y: -89 좌표로 설정한다.
- 덤보의 모양을 elephant-a로 바꾸고, -90도 방향 보기로 좌우를 바꾸어 Pico와 마주보게 위치시킨다.
- Pico가 말하는 동안 2.5초 기다리기한 후, "고마워~피코야!"를 2초 동안 말하기 한다.

덤보

```
🚩 클릭했을 때
x:  147  y:  -89  (으)로 이동하기
모양을  elephant-a ▼  (으)로 바꾸기
-90  도 방향 보기
2.5  초 기다리기
고마워~피코야!!  을(를)  2  초 동안 말하기
```

❸ 신호 처리하기

- 덤보가 "케익 불끄기" 신호를 받았을 때, 1초 후 모양을 elephant-b로 바꾸기 한다.
- "촛불 끄기" 신호를 보내고, 1초 후 모양을 elephant-a로 바꾼다.

STEP 4   Cake 스프라이트 설정하기

❶ Cake 스프라이트 선택하기

- 스프라이트 저장소의 [음식] 카테고리에서 Cake 스프라이트를 선택한다.

❷ Cake 위치 설정하기

- 깃발을 클릭했을 때, cake의 위치를 x: −6, y: −104 좌표로 설정한다.
- 모양을 cake-b로 바꾸어 케익의 촛불이 꺼진 모양으로 설정한다.

❸ 신호 처리하기

- "촛불 켜기" 신호를 받았을 때, 0.5초 기다린 후 모양을 cale-a로 바꾸어 케익에 불이 켜진 모양을 표현한다.
- "촛불 끄기" 신호를 받았을 때, 0.5초 기다린 후 모양을 cale-b로 바꾸어 케익에 불이 꺼진 모양을 표현한다.

생일카드 스프라이트와 소리 설정하기

❶ 생일카드 스프라이트 선택하기

- [스프라이트 업로드하기]를 클릭하여 미리 준비한 "생일카드.png" 파일을 업로드한다.

❷ Birthday 소리 추가하기

- [소리] 탭을 클릭하여 [소리 고르기]에서 Birthday를 선택한다.

❸ 생일카드 위치 설정하기

- 깃발을 클릭했을 때, 생일카드의 위치를 x: -2, y: -11 좌표로 설정한다.
- 시작했을 때 생일카드가 화면에 표시되지 않도록 "숨기기" 한다.

❹ 신호 처리하기

- "카드 보이기"신호를 받았을 때, 보이게 하여 화면에 카드가 나타나도록 한다.

❺ 카드 내용 보이기

- 이 스프라이트를 클릭했을 때, 숨기기하여 화면에 카드가 숨겨지도록 하고, 배경을 "생일카드 배경"으로 바꾸어 카드 내용을 표시한다.
- 배경이 바뀌면서 생일축하 소리가 나도록 "Birthday" 재생하기 블록을 추가한다.

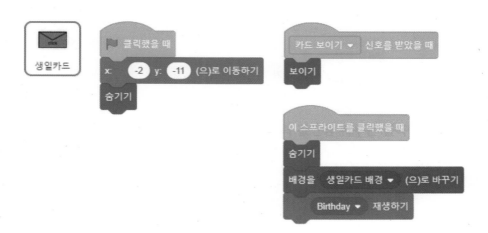

응용문제 ① 리모컨으로 TV 채널 변경하기

리모컨의 채널 버튼을 클릭하면 해당 채널로 TV화면이 변경되며, 해당 스프라이트가 동작하는 화면을 구현해보자.

동작과정

- 화면에 나타난 리모컨에서 TV채널 버튼을 클릭한다.
- "신호 보내고 기다리기"를 이용하여 신호를 보내어 채널 버튼에 해당하는 TV화면으로 배경을 변경한다.
- 신호를 받았을 때 채널 버튼에 해당하는 스프라이트가 동작하며, 음악이 재생된다.

스프라이트/무대	동작과정
ch5 **1** CH5 ch5-a 133 x 81 **2** CH5 ch5-b 133 x 81	**깃발을 클릭했을 때** ■ 크기를 40%로 정하기 ■ x: −182, y: −60으로 이동하기 ■ 모양을 ch5−a로 바꾸기 **이 스프라이트를 클릭했을 때** ■ 모양을 ch5−b로 바꾸기 ■ 채널 5번 신호 보내고 기다리기 ■ 모양을 ch5−a로 바꾸기
ch7 **1** CH7 ch7-a 133 x 81 **2** CH7 ch7-b 133 x 81	**깃발을 클릭했을 때** ■ 크기를 40%로 정하기 ■ x: −182, y: −97로 이동하기 ■ 모양을 ch7−a로 바꾸기 **이 스프라이트를 클릭했을 때** ■ 모양을 ch7−b로 바꾸기 ■ 채널 7번 신호 보내고 기다리기 ■ 모양을 ch7−a로 바꾸기
ch9 **1** CH9 ch9-a 133 x 81 **2** CH9 ch9-b 133 x 81	**깃발을 클릭했을 때** ■ 크기를 40%로 정하기 ■ x: −182, y: −136으로 이동하기 ■ 모양을 ch9−a로 바꾸기 **이 스프라이트를 클릭했을 때** ■ 모양을 ch9−b로 바꾸기 ■ 채널 9번 신호 보내고 기다리기 ■ 모양을 ch9−a로 바꾸기
Ballerina Ballerina	**깃발을 클릭했을 때** ■ 크기를 80%로 정하기 ■ x: −69, y: −100로 이동하기 ■ 모양을 ballerina−a로 바꾸기 **채널 5번 신호를 받았을 때** ■ 배경을 TV_발레로 바꾸기 ■ Classical Piano 재생하기 ■ 21번 반복하기 ▶ 다음 모양으로 바꾸기 ▶ 0.3초 기다리기 ■ 모양을 ballerina−a로 바꾸기

스프라이트/무대	동작과정
Dorian Dorian	**깃발을 클릭했을 때** ■ 크기를 80%로 정하기 ■ x: 33, y: −105로 이동하기 ■ 모양을 dorian−a로 바꾸기 **채널 7번 신호를 받았을 때** ■ 배경을 TV_농구로 바꾸기 ■ Cheer 재생하기 ■ 15번 반복하기 　▶ 다음 모양으로 바꾸기 　▶ 0.3초 기다리기 ■ 모양을 dorian−a로 바꾸기
Champ99 Champ99	**깃발을 클릭했을 때** ■ 크기를 50%로 정하기 ■ x: 146, y: −96로 이동하기 ■ 모양을 champ99−a로 바꾸기 **채널 9번 신호를 받았을 때** ■ 배경을 TV_댄스로 바꾸기 ■ dance celebrate 재생하기 ■ 23번 반복하기 　▶ 다음 모양으로 바꾸기 　▶ 0.3초 기다리기 ■ 모양을 champ99−b로 바꾸기
스프라이트	■ 스프라이트 저장소 − Ballerina, Dorian, Champ99 ■ 파일 − ch5-a.png, ch5-b.png, ch7-a.png, ch7-b.png, ch9-a.png, ch9-b.png
소리	■ 소리 저장소 − Classical Piano, Cheer, dance celebrate
배경	■ 파일 − TV_발레.png, TV_농구.png, TV_댄스.png

응용문제 ② 스위치로 방에 불 켜고 음악 플레이하기

Abby의 방에 배치된 스위치로 불을 켜거나 끄고, 음악을 틀거나 끌 수 있도록 동작하는 화면을 구현해보자.

동작과정

- 전등 On 또는 Off 스위치를 클릭하여 방에 불을 켜거나 끈다.
- 음악 On 또는 Off 스위치를 클릭하여 음악을 틀거나 끈다.
- 음악이 재생되는 동안 카세트의 크기가 변하면서 음악 플레이 효과를 나타낸다.

스프라이트/무대	동작과정
Abby Abby	**깃발을 클릭했을 때** ■ x: −153, y: −71로 이동하기 ■ 모양을 abby−b로 바꾸기 ■ "음..방이 너무 어두운데 불을 켜 볼까요?"를 2초 동안 말하기 ■ "음악도 틀어야겠어요~~"를 2초 동안 말하기
전등스위치_on 전등스위...	**깃발을 클릭했을 때** ■ 크기를 35%로 정하기 ■ x: 141, y: −122로 이동하기 **이 스프라이트를 클릭했을 때** ■ 전등On 신호 보내기
전등스위치_off 전등스위...	**깃발을 클릭했을 때** ■ 크기를 35%로 정하기 ■ x: 204, y: −122로 이동하기 **이 스프라이트를 클릭했을 때** ■ 전등Off 신호 보내기
음악스위치_on 음악스위...	**깃발을 클릭했을 때** ■ 크기를 35%로 정하기 ■ x: 141, y: −160으로 이동하기 **이 스프라이트를 클릭했을 때** ■ 음악On 신호 보내기
음악스위치_off 음악스위...	**깃발을 클릭했을 때** ■ 크기를 35%로 정하기 ■ x: 204, y: −160으로 이동하기 **이 스프라이트를 클릭했을 때** ■ 음악Off 신호 보내기

스프라이트/무대	동작과정
전등 1 모양 1 132 x 125 2 모양 2 132 x 126	**깃발을 클릭했을 때** ▪ 크기를 60%로 정하기 ▪ x: 15, y: 122로 이동하기 ▪ 모양을 모양2로 바꾸기 ▪ 밝기 효과를 −50으로 정하기 **전등On 신호를 받았을 때** ▪ 모양을 모양1로 바꾸기 ▪ 밝기 효과를 0으로 정하기 **전등Off 신호를 받았을 때** ▪ 모양을 모양2로 바꾸기 ▪ 밝기 효과를 −50으로 정하기

Radio
 	
Radio
	깃발을 클릭했을 때
	▪ 크기를 80%로 정하기
	▪ x: 181, y: 65로 이동하기
	▪ 모양을 Radio−a로 바꾸기
	▪ 밝기 효과를 −50으로 정하기
	
	전등On 신호를 받았을 때
	▪ 밝기 효과를 0으로 정하기
	
	전등Off 신호를 받았을 때
	▪ 밝기 효과를 −50으로 정하기
	
	음악On 신호를 받았을 때
	▪ 모양을 Radio−b로 바꾸기
	▪ 음량을 100%로 정하기
	▪ 무한 반복하기
	  ▷ Dance Around 끝까지 재생하기
	  ▷ 0.3초 기다리기
	
	음악On 신호를 받았을 때
	▪ 무한 반복하기
	  ▷ 0.1초 기다리기
	  ▷ 크기를 5만큼 바꾸기
	  ▷ 0.1초 기다리기
	  ▷ 크기를 −5만큼 바꾸기
	
	음악Off 신호를 받았을 때
	▪ 모양을 Radio−a로 바꾸기
	▪ 크기를 80%로 정하기
	▪ 음량을 0%로 정하기
	▪ 모든 소리 끄기
	▪ 이 스프라이트에 있는 다른 스크립트를 멈추기

스프라이트/무대	동작과정
배경 1 Bedroom 2 480 x 360	**깃발을 클릭했을 때** ■ 밝기 효과를 −50으로 정하기 **전등On 신호를 받았을 때** ■ 밝기 효과를 0으로 정하기 **전등Off 신호를 받았을 때** ■ 밝기 효과를 −50으로 정하기
스프라이트	■ 스프라이트 저장소 − Abby, Radio ■ 파일 − 전등스위치_on.png, 전등스위치_off.png, 음악스위치_on.png, 음악스위치_off.png
소리	■ 소리 저장소 − Dance Around
배경	■ 배경 저장소 − Bedroom2

1. 어떤 움직임을 했을 때 일어나는 현상으로, 이때 특정 블럭을 실행하도록 하는 개념은 무엇인가?

   ❶ 이벤트   ❷ 감지   ❸ 자료형   ❹ 조건

2. 다음 중 이벤트 블록으로 할 수 있는 기능에 해당하지 않는 것은?

   ❶ 특정 시간의 경과 체크   ❷ 스프라이트를 마우스로 클릭
   ❸ 키보드의 특정 키 입력   ❹ 스프라이트들 간의 충돌 체크

3. 다음 중 이벤트 블록에 대한 설명으로 옳지 않은 것은?

   (a) 이 스프라이트를 클릭했을 때   (b) 스페이스 ▾ 키를 눌렀을 때

   (c) 메시지1 ▾ 신호 보내기   (d) 메시지1 ▾ 신호를 받았을 때

   ❶ (a)블록은 해당 스프라이트를 클릭하면 아래에 연결된 블록들을 실행한다.
   ❷ (b)블록은 스페이스 키 외에도 알파벳, 화살표, 마우스 버튼을 눌렀을 때 실행된다.
   ❸ (c)블록은 스프라이트에 신호를 보내고, 실행 블록이 끝날 때까지 기다렸다가 다음 동작을 실행한다.
   ❹ (d)블록은 이벤트 신호를 받았을 때 명령 블록들을 즉시 실행한다.

4. 다음은 드래곤이 계속해서 좌우로 이동하다가, 스페이스 키를 누르면 입에서 불이 나오는 모습으로 변경되었다가 다시 처음의 모양으로 돌아오도록 작성한 화면이다. 이와 같은 화면을 작성할 때 적합한 블록만 고른 것은?

(a) 메시지1 ▾ 신호 보내기　(b) 스페이스 ▾ 키를 눌렀을 때　(c) 무한 반복하기

(d) 10 만큼 움직이기　(e) 모양을 dragon-a ▾ (으)로 바꾸기　(f) 이 스프라이트를 클릭했을 때

❶ a, b, c, d　　❷ b, c, d, e　　❸ b, c, e, f　　❹ b, d, e, f

5. 다음은 고양이가 제자리에서 달리기를 하면서 운동하는 화면이다. 운동시작 5초 후에 운동을 끝내고 멈추도록 동작하는 블록 스크립트를 작성한 것으로 옳은 것은?

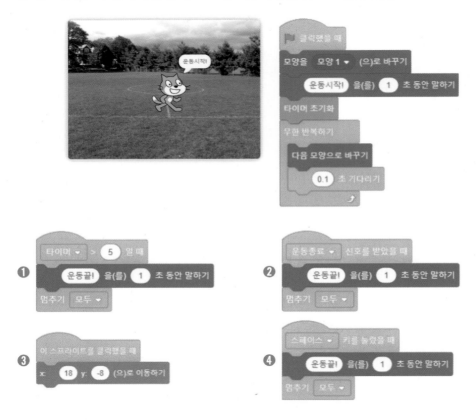

6. 깜깜한 밤하늘에 카운트 다운이 끝나면 로켓이 발사되는 화면을 작성하시오.

동작과정

❶ 무대 배경으로 배경 저장소의 Star를 사용한다.

❷ 깃발을 클릭하면 5부터 숫자 카운트 다운이 시작되고, 카운트 다운이 끝나면 "발사"신호를 보낸다.

❸ 로켓이 "신호"를 받으면 y좌표를 8만큼 바꾸기하며 벽에 닿을 때까지 위로 모양을 바꾸며 움직인다.

❹ 로켓이 벽에 닿으면 숨기기 한다.

COMPUTATIONAL THINKING
Using SCRATCH

CHAPTER 07

제어

학습목표 ....

1. 프로그램에 필요한 제어 알고리즘을 이해할 수 있다.
2. 제어 블록을 다양한 용도로 활용할 수 있다.
3. 반복문과 조건문에 대해 이해할 수 있다.

학습목차 ....

7.1 제어문의 이해

제어란 스크래치 프로그램이 동작하는 흐름을 변경하는 것을 의미한다. 일반적으로 프로그램은 쓰여진 순서대로 순차적으로 실행된다. 그러나 제어를 통해서 특정 코드를 반복하게 하거나 조건에 따라 다른 코드를 실행하거나 멈추도록 할 수 있다. 예를 들어 고양이가 계속 움직이게 하거나, 벽에 닿으면 고양이가 멈추게 하는 것을 가능하게 하는 것이다. 또한 프로그램을 순차적으로만 실행하면 프로그램이 매우 길어지게 된다. 예를 들어 "안녕!"을 1초 동안 말하기를 5번 반복해야 한다고 할 때, 아래 그림처럼 1초 동안 말하기를 5번 작성해야 한다. 이런 경우 제어의 반복 기능을 활용하면 프로그램을 간단하게 작성할 수 있다.

순차적 실행에서는
같은 블록을 5번 반복해서 작업

반복 실행에서는
하나의 블록을 반복해서 실행

제어 블록 알아보기

제어 블록은 명령 블록들의 실행 흐름을 제어하는 블록이다. 프로그램을 실행하다가 일정 시간 동안 기다리기도 하고, 조건을 판단하여 참인 경우와 거짓인 경우에 따라 실행되는 명령 블록들을 다르게 할 수 있고, 특정 블록을 원하는 횟수만큼 반복하게도 한다. 표 7-1은 스크래치가 제공하는 제어 블록들이다.

표 7-1 제어 블록의 유형

블록 형태	설명
1 초 기다리기	입력한 일정 시간 동안 기다린다.
10 번 반복하기	이 블록 안에 있는 명령 블록들을 입력한 숫자만큼 반복하여 실행한다.
무한 반복하기	이 블록 안에 있는 명령 블록들을 무한 반복하여 실행한다.
만약 (이)라면	조건이 참인 경우에 이 블록 안의 명령 블록들을 실행한다.
만약 (이)라면 / 아니면	조건이 참인 경우에 "만약 ~ 이라면" 안의 명령 블록들을 실행하고, 조건이 거짓인 경우에는 "아니면" 안에 명령 블록들을 실행한다.
까지 기다리기	조건이 참이 될 때까지 명령 블록들을 실행하지 않고 기다린다.
까지 반복하기	조건이 참이 될 때까지 이 블록안의 명령 블록들을 반복해서 실행한다.
멈추기 모두 ▾	명령 블록들의 실행을 중지한다. 옵션으로 [모두], [이 스크립트], [스프라이트에 있는 다른 스크립트]가 있다.
복제되었을 때	스프라이트가 복제되었을 때 이 블록 아래에 연결된 블록들을 실행한다.
나 자신 ▾ 복제하기	복제 스프라이트를 만든다. 옵션으로 스프라이트가 자신을 복제할 수도 있고, 자신 이외에 다른 스프라이트도 지정해 복제할 수 있다.
이 복제본 삭제하기	복제되어 만들어진 스프라이트를 삭제한다.

7.2   제어 블록 익히기

반복해서 춤추는 발레리나

깃발을 클릭했을 때 무한 반복하여 춤추는 발레리나를 구현해보자. 이 때 발레리나는 지정한 x, y좌표로 이동하고, 모양을 1초마다 다음 모양으로 3번 반복하여 변경한다.

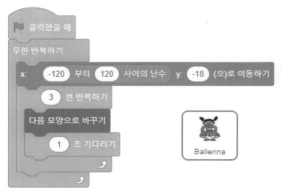

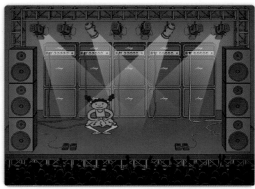

알아두기

> x 좌표를 −120부터 120사이의 난수로 지정하면, 무한 반복하기 블록이 실행될 때마다 x 좌표가 −120부터 120사이의 임의 수로 설정되며, 발레리나가 무대 화면의 좌우로 이동하며 임의의 위치에 나타나게 된다.

조건 블록을 활용한 점프하며 변신하는 고양이

고양이가 화살표 키를 이용하여 좌우로 움직이도록 하고, 스페이스 키를 누르면 "변신~~점프!!"하고 말하면서 점프하여 다른 모양으로 변경되는 블록 스크립트를 만들어 보자.

만약 키보드의 왼쪽 화살표 키가 눌려졌다면 −90도 방향으로 고양이가 왼쪽을 바라보도록 하고, 5만큼 움직이게 한다. 또한 만약 스페이스 키가 눌려졌다면 y좌표를 100만큼 바꾸고, 0.5초 후 y좌표를 −100만큼 바꾸어 점프하는 모양을 표현한다.

"만약 ~이라면" 블록에서 왼쪽 화살표 키가 눌려졌다면 조건이 참이 되어, 블록 안에 있는 "−90도 방향 보기" 와 "5만큼 움직이기" 블록이 실행된다. 이때 조건을 계속해서 판단하기 위해 무한 반복하기 블록을 함께 사용한다.

생쥐를 쫓아 다니는 고양이

키보드 화살표 키를 이용하여 생쥐를 좌/우, 상/하로 움직이고, 고양이는 움직이는 생쥐를 쫓아 다니는 블록 스크립트를 만들어 보자.

만약 왼쪽 화살표 키를 눌렀다면 생쥐가 −90도 방향 보기로 10만큼 움직이고, 아니라면 오른쪽 화살표 키를 눌렀는지 조건을 판단하게 된다. "만약 ~이라면" 블록의 조건이 거짓이라면 "아니면" 블록을 실행하게 된다. 이를 중첩하여 사용할 수 있다.

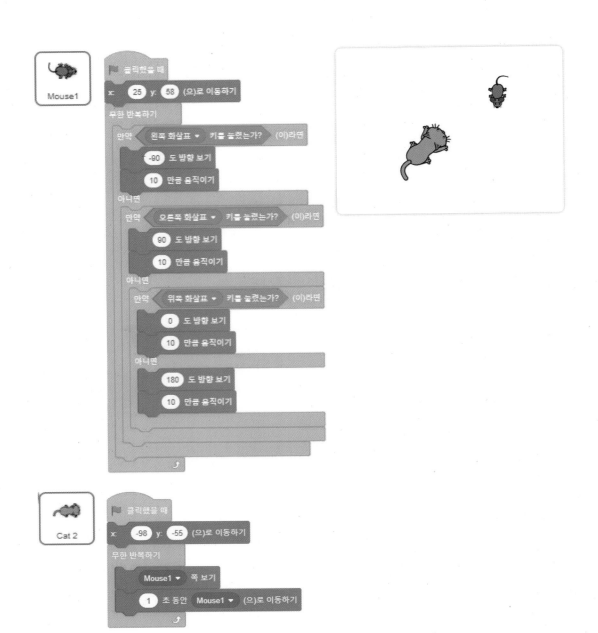

sキ를 누를 때까지 반복해서 움직이는 공

깃발을 클릭하여 공이 벽에 닿으면 튕기면서 반복해서 움직이다가 s키를 누르면 움직이는 것을 멈추도록 블록 스크립트를 만들어 보자. s키를 누를 때까지 공이 15만큼 움직이기를 반복한다.

Ball

깃발 클릭했을 때
x 8 y: -22 (으)로 이동하기
120 도 방향 보기
s ▼ 키를 눌렀는가? 까지 반복하기
15 만큼 움직이기
벽에 닿으면 튕기기

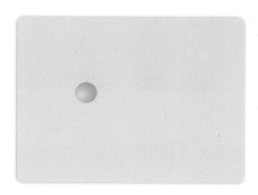

복제하기로 밤하늘에 눈 내리기

깃발을 클릭하면 깜깜한 하늘에서 눈이 내린다. 눈은 0.5초 마다 임의의 위치에서 복제되며 벽에 닿으면 복제된 눈이 삭제된다.

Snowflake

깃발 클릭했을 때
x: -181 y: 146 (으)로 이동하기
크기를 15 %로 정하기
숨기기
무한 반복하기
나 자신 ▼ 복제하기
0.5 초 기다리기

복제되었을 때
x -180 부터 180 사이의 난수 y: 146 (으)로 이동하기
보이기
벽 ▼ 에 닿았는가? 까지 반복하기
y 좌표를 -5 만큼 바꾸기
이 복제본 삭제하기

7.3 제어 블록 프로그래밍

실습문제 1 비오는 날 장면 연출하기

깃발을 클릭하면 인트로 화면이 나타나고, 화면이 점점 밝아지면서 비오는 밤 거리 장면이 나타난다. 노란 우산을 쓴 사람이 걸어가고, 빗소리와 배경음악이 재생된다. 사람이 벽에 닿으면 화면이 다시 어두워지면서 "The End" 메시지가 나타나고 모든 스크립트가 중지된다.

스프라이트/무대	동작과정
intro intro 322 × 347	**깃발을 클릭했을 때** ■ 크기를 70%로 정하기 ■ x: 19, y: −13으로 이동하기 ■ 보이기 ■ Start 신호 보내기 **장면 시작 신호를 받았을 때** ■ 숨기기
검정화면 검정화면 480 × 360	**깃발을 클릭했을 때** ■ 맨 앞쪽으로 순서 바꾸기 ■ 투명도 효과를 0으로 정하기 ■ 숨기기 **Start 신호를 받았을 때** ■ 보이기 ■ 10번 반복하기 ▷ 투명도 효과를 10만큼 바꾸기 ▷ 0.3초 기다리기 ■ 0.3초 기다리기 ■ 장면 시작 신호 보내기 ■ 숨기기

스프라이트/무대	동작과정
	장면 종료 신호를 받았을 때 ■ 보이기 ■ 10번 반복하기 ▶ 투명도 효과를 −10만큼 바꾸기 ▶ 0.3초 기다리기 ■ 1초 기다리기 ■ End 신호 보내기

rain
 	
1
rain1
2 x 147
 	
2
rain2
27 x 10
	깃발을 클릭했을 때
	■ x: −210, y: 19로 이동하기
	■ 모양을 rain1로 바꾸기
	■ 숨기기
	
	장면 시작 신호를 받았을 때
	■ 무한 반복하기
	 ▶ 나자신 복제하기
	 ▶ 0.3초 기다리기
	
	복제되었을 때
	■ 무한 반복하기
	 ▶ x: −220부터 220사이의 난수, y: 120으로 이동하기
	 ▶ 보이기
	 ▶ <벽에 닿았는가?>까지 반복하기
	   ● y좌표를 −10만큼 바꾸기
	   ● 0.1초 기다리기
	 ▶ 모양을 rain2로 바꾸기
	 ▶ 0.2초 기다리기
	 ▶ 이 복제본 삭제하기

사람 1 사람1 314 x 349 2 사람2 314 x 349	**깃발을 클릭했을 때** ■ x: 192, y: −111로 이동하기 ■ 크기를 30%로 정하기 ■ 모양을 사람1로 바꾸기 ■ 숨기기 **장면 시작 신호를 받았을 때** ■ 보이기 ■ <벽에 닿았는가?>까지 반복하기 ▶ x좌표를 −5만큼 바꾸기 ▶ 다음 모양으로 바꾸기 ▶ 0.5초 기다리기 ■ 장면 종료신호 보내기

스프라이트/무대	동작과정
end The End end	**깃발을 클릭했을 때** ■ x: 9, y: 10으로 이동하기 ■ 크기를 60%로 정하기 ■ 맨 앞쪽으로 순서 바꾸기 ■ 숨기기 **End 신호를 받았을 때** ■ 보이기 ■ 3초 기다리기 ■ 모두 멈추기
배경 1 인트로 배경 517 x 381 2 Night City Wi... 480 x 360	**깃발을 클릭했을 때** ■ 배경을 인트로 배경으로 바꾸기 ■ 무한 반복하기 ▷ Rain 끝까지 재생하기 **깃발을 클릭했을 때** ■ 무한 반복하기 ▷ Background Music 끝까지 재생하기 **장면 시작 신호를 받았을 때** ■ 배경을 Night City With Street로 바꾸기 ■ 밝기 효과를 −40으로 정하기 **End 신호를 받았을 때** ■ 3초 기다리기 ■ 모든 소리 끄기
스프라이트	■ 파일 − intro.png, 검정화면.png, rain1.svg, rain2.svg, 사람1.png, 사람2.png, end.png
소리	■ 파일 − Rain.wav, Background Music.wav
배경	■ 배경 저장소 − Night City With Street ■ 파일 − 인트로 배경.svg

STEP 1   배경과 소리 설정하기

❶ 배경 선택

- [배경 업로드하기]를 클릭하여 미리 준비한 "인트로 배경.png" 파일을 선택한다.
- 두 번째 배경을 배경 저장소의 Night City With Street를 선택한다.

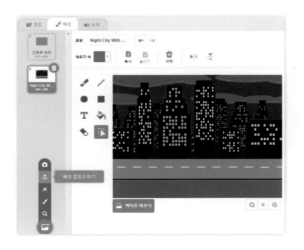

❷ 소리 선택

- 배경의 [소리] 탭을 클릭한 뒤, [소리 업로드하기]를 클릭하여 미리 준비한 "Rain.wav"파일과 "Background Music.wav" 파일을 업로드한다.

❸ 배경 코드 작성하기

- 깃발을 클릭했을 때 시작 배경을 "인트로 배경"으로 바꾸기 한다.
- 무한 반복하면서 "Rain"소리를 끝까지 재생하여 빗소리를 표현한다.
- 깃발을 클릭했을 때 무한 반복하면서 "Background Music"소리를 끝까지 재생하여 배경 음악이 빗소리와 함께 나오도록 한다.

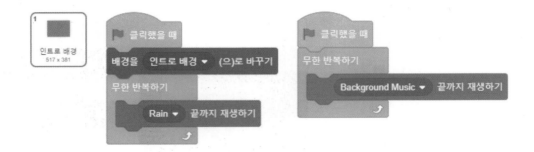

인트로 화면 작성하기

❶ intro 스프라이트 선택하기

- [스프라이트 업로드하기]를 클릭하여 미리 준비한 "intro.png" 파일을 선택한다.

❷ intro 스프라이트 코드 작성하기

- 깃발을 클릭했을 때 스프라이트의 크기를 70%로 정하고, 스프라이트가 나타날 위치를 x: 19, y: -13 좌표로 설정한다.

- 스프라이트를 "보이기" 설정하고, "Start"신호 보내기 한다.

- 인트로 화면이 끝나고 intro 스프라이트가 사라지도록 "장면 시작" 신호를 받았을 때 숨기기 설정한다.

❸ 검정 화면 스프라이트 선택하기

- 스프라이트 업로드하기를 선택하여 미리 준비한 "검정 화면.svg" 파일을 선택한다.

❹ 검정 화면 스프라이트 코드 작성하기

- 깃발을 클릭했을 때 맨 앞쪽으로 순서를 바꾸고, 투명도 효과를 0으로 정하여 숨기기 한다.

- "Start"신호를 받았을 때 검정화면을 보이기하여 점점 밝아지도록 투명도 효과를 10만큼 바꾸기를 10번 반복하도록 한다.

- 검정 화면이 완전히 밝아지면 3초 기다리기 후에 "장면 시작" 신호 보내기를 하고, 검정 화면은 숨기기 설정한다.

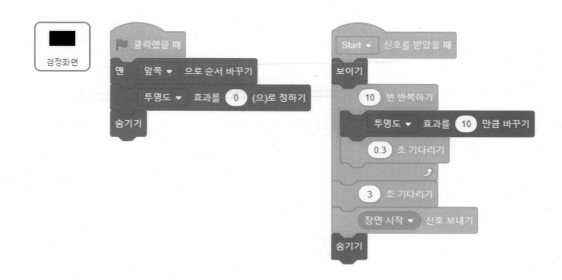

STEP 3   비 내리는 화면 작성하기

❶ rain 스프라이트 선택하기

- [스프라이트 업로드하기]를 선택하여 미리 준비한 "rain1.svg" 파일을 선택한다.
- 스프라이트의 [모양] 탭을 클릭하여 "rain2.svg"파일도 업로드 한다.
- 스프라이트의 이름을 "rain"으로 변경한다.

❷ rain 스프라이트 코드 작성하기

- 깃발을 클릭했을 때 스프라이트가 나타날 위치를 x, y좌표로 설정한다.
- 모양을 rain1로 바꾸고, 숨기기 한다.
- "장면 시작"신호를 받았을 때 0.3초마다 복제하기를 무한 반복한다.

- 스프라이트가 복제되었을 때 나타날 위치를 설정한다. x좌표는 화면의 −220부터 220사이의 난수로 선택되도록 하고, y좌표는 120으로 설정하여 rain 스프라이트가 화면 상단의 임의의 위치에서 나타나게 한다.
- 스프라이트가 복제되었을 때 화면에 보이기 설정하고, 비 내리는 모습을 표현하기 위해 스프라이트가 바닥에 닿을 때까지 y좌표를 0.1초마다 −10만큼 바꾸기 한다.
- 스프라이트가 바닥에 닿으면 rain2 모양으로 바꾸기 하여 비가 바닥에 떨어지는 모습을 표현한다.
- 스프라이트가 바닥에 닿으면 0.2초 후에 복제본을 삭제한다.

STEP 4   걸어가는 사람 작성하기

❶ 사람 스프라이트 선택하기
- [스프라이트 업로드하기]를 클릭하여 미리 준비한 "사람1.png" 파일을 선택한다.
- 스프라이트의 [모양] 탭을 클릭하여 "사람2.png"파일도 업로드 한다.
- 스프라이트의 이름을 "사람"으로 변경한다.
❷ 사람 스프라이트 코드 작성하기
- 깃발을 클릭했을 때 크기를 30%로 정하고, 스프라이트가 나타날 위치를 x, y좌표로 설정한다.

- 스프라이트 모양을 사람1로 바꾸고, 숨기기 한다.
- "장면 시작" 신호를 받았을 때 보이기하여, 벽에 닿을 때까지 x좌표를 −5만큼 바꾸기하여 걸어가는 모습을 표현한다.
- 사람이 왼쪽 벽에 닿으면 "장면 종료" 신호 보내기하여 엔딩 화면이 나타나게 한다.

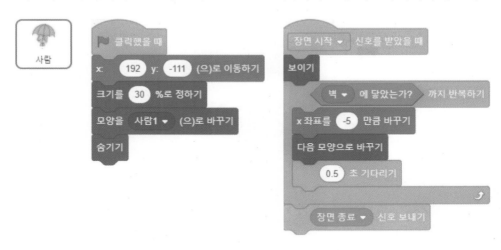

STEP 5   엔딩 화면 작성하기

❶ end 스프라이트 선택하기
- [스프라이트 업로드하기]를 클릭하여 미리 준비한 "end.png" 파일을 선택한다.

❷ end 스프라이트 코드 작성하기
- 깃발을 클릭했을 때 크기를 60%로 정하고, 스프라이트가 나타날 위치를 x: 9, y: 10으로 좌표를 설정한다.
- 맨 앞쪽으로 순서 바꾸기 하고, 숨기기 한다.
- "End"신호를 받았을 때 스프라이트가 화면에 보이게 하고, 3초 기다리기 후 모두 멈추기하여 프로그램을 종료한다.

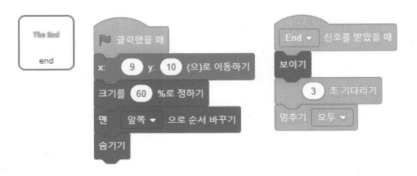

❸ 검정 화면 스프라이트 코드 작성하기

- 비오는 거리 장면이 종료되어 "장면 종료" 신호를 받았을 때 검정 화면 다시 보이게 하여 화면이 점점 어두워지도록 투명도 효과를 −10만큼 바꾸기를 10번 반복한다.
- 검정 화면이 완전히 어두워지면 1초 기다리기 후에 "End" 신호 보내기를 하여 프로그램을 종료한다.

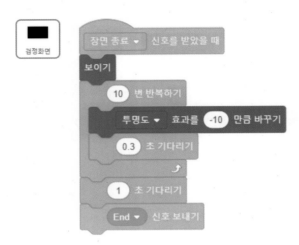

❹ 배경 코드 작성하기

- "End" 신호를 받았을 때 빗소리와 배경 소리를 모두 종료하기 위해 3초 기다리기 후 모든 소리 끄기를 한다.

실습문제 ❷ 우주 전쟁 게임

깜깜한 우주에 무당벌레들이 나타난다. 키보드의 화살표 키를 이용하여 로켓을 움직이며, 스페이스 키로 레이저를 쏘아 무당벌레들을 퇴치한다. 무당벌레가 로켓에 닿으면 로켓이 사라지며 Life가 1씩 감소한다. 로켓의 life가 모두 감소하면 게임이 종료된다.

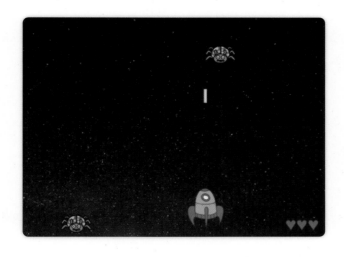

스프라이트/무대	동작과정
Rocketship 5 rocketship-e 143 × 159	**깃발을 클릭했을 때** ▪ x: −14, y: −144로 이동하기 ▪ 크기를 40%로 정하기 ▪ 모양을 rocketship−e로 바꾸기 ▪ 맨 앞쪽으로 순서 바꾸기 ▪ 벽에 닿으면 튕기기 ▪ 보이기 ▪ 무한 반복하기 ▷ 만약 위쪽 화살표 키를 눌렀다면 • y좌표를 8만큼 바꾸기 ▷ 만약 아래쪽 화살표 키를 눌렀다면 • y좌표를 −8만큼 바꾸기 ▷ 만약 오른쪽 화살표 키를 눌렀다면 • x좌표를 8만큼 바꾸기 ▷ 만약 왼쪽 화살표 키를 눌렀다면 • x좌표를 8만큼 바꾸기 **깃발을 클릭했을 때** ▪ 무한 반복하기 ▷ Video Game1 끝까지 재생하기 **깃발을 클릭했을 때** ▪ 무한 반복하기 ▷ 만약 Ladybug2에 닿았다면 • Life감소 신호 보내기 • 숨기기 • x: 6, y: -125로 이동하기 • 1초 기다리기 • 보이기

스프라이트/무대	동작과정

Ladybug2
 	
1
ladybug2-a
96 x 59
	깃발을 클릭했을 때
	■ 크기를 50%로 정하기
	■ 숨기기
	■ 무한 반복하기
	  ▷ 나 자신 복제하기
	  ▷ 1.5초 기다리기
	
	복제되었을 때
	■ 맨 앞쪽으로 순서 바꾸기
	■ 보이기
	■ x: −200부터 200사이의 난수, y: 120부터 150사이의 난수로 이동하기
	■ 무한 반복하기
	  ▷ y좌표를 −6만큼 바꾸기
	  ▷ 만약 벽에 닿았다면
	    • 이 복제본 삭제하기
	  ▷ 만약 Laser에 닿았다면
	    • 이 복제본 삭제하기

Laser
 	
1
Laser
7 x 34
	깃발을 클릭했을 때
	■ x: 36, y: 28로 이동하기
	■ 숨기기
	■ 무한 반복하기
	  ▷ 만약 스페이스 키를 눌렀다면
	    • 보이기
	    • Rocketship으로 이동하기
	    • 벽에 닿을 때까지 반복하기
	      ◦ y좌표를 15만큼 바꾸기
	  ▷ 숨기기
	
	스페이스 키를 눌렀을 때
	■ Laser1 재생하기

Life
 	
1
life3
103 x 36
 	
2
life2
68 x 36
 	
3
life1
32 x 36
	깃발을 클릭했을 때
	■ x: 200, y: −158로 이동하기
	■ 보이기
	■ 모양을 life3으로 바꾸기
	
	Life감소 신호를 받았을 때
	■ 만약 모양 번호 = 1 이라면
	  ▷ 모양을 life2로 바꾸기
	■ 아니면
	  ▷ 만약 모양 번호 = 2 이라면
	    ◦ 모양을 life1로 바꾸기
	■ 아니면
	  ▷ 만약 모양 번호 = 3 이라면
	    • 숨기기
	    • **게임종료** 신호 보내기

스프라이트/무대	동작과정
game over 	**깃발을 클릭했을 때** ■ x: −35, y: 2로 이동하기 ■ 숨기기 **게임종료 신호를 받았을 때** ■ 보이기 ■ 모두 멈추기
스프라이트	■ 스프라이트 저장소 − Rocketship, Ladybug2 ■ 파일 − Laser.png, life1.png, life2.png, life3.png, Game Over.png
소리	■ 소리 저장소 − Video Game1, Laser1
배경	■ 배경 저장소 − Star

STEP 1 배경화면과 로켓 스프라이트 작성하기

❶ 배경 선택하기

- [배경 고르기]를 클릭하여 Star를 선택한다.

❷ 로켓 스프라이트 선택하기

- [스프라이트 고르기]를 클릭하여 Rocketship을 선택한다.

❸ 로켓 스프라이트 움직이기

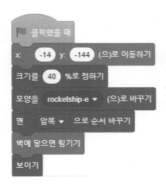

- 깃발을 클릭했을 때 로켓의 위치를 x: −14, y: −144 좌표로 설정한다.

- 크기를 40%로 정하고, 모양을 rocketship-e로 설정한다.

- 맨 앞쪽으로 순서 바꾸기하고, 좌우로 움직일 때 벽에 닿으면 튕기기로 설정한다. 그리고 보이기 설정한다.
- 로켓은 화살표 키를 이용하여 상/하, 좌/우로 움직이도록 다음과 같이 무한 반복하기를 설정한다.

❹ 배경음악 재생하기
- 배경음악으로 사용할 소리를 로켓 스프라이트의 [소리]탭을 클릭하여 [소리 고르기]를 선택한다. 소리 저장소에서 Video Game1를 선택한다.

- 깃발을 클릭했을 때 배경음악이 재생되도록 Video Game1을 끝까지 재생하기를 무한 반복 한다.

STEP 2   로켓 스프라이트에서 레이저 발사하기

❶ 레이저 스프라이트 선택하기
- [스프라이트 업로드하기]를 클릭하여 미리 준비한 "Laser.png"파일을 선택한다.
- 깃발을 클릭했을 때 레이저 위치를 x: 36, y: 28 좌표로 설정하고, 시작할 때 화면에 나타나지 않도록 숨기기 한다.

❷ 레이저 발사하기

- 스페이스 키를 눌렀을 때 레이저가 Rocketship으로 이동하여 보이게 한 다음, 벽에 닿을 때까지 y좌표를 15만큼 바꾸기를 하여, 레이저가 위로 쏘아 올라가는 모양을 표현한다.
- 레이저가 벽에 닿으면 숨기기 한다.
- 스페이스 키를 눌렀을 때 레이저가 발사되는 소리를 재생하기 위해, 소리 저장소에서 "Laser1"소리를 추가한 다음 Laser1를 재생한다.

STEP 3　무당벌레 나타내기

❶ **Ladybug2 스프라이트 선택하기**
- 깃발을 클릭했을 때 크기를 50%로 정하고, 화면에 나타나지 않도록 숨기기 한다.
- 무한 반복하며, 1.5초마다 나 자신 복제하기를 실행한다.

❷ **Ladybug2 복제되었을 때 화면에 나타내기**
- 맨 앞쪽으로 순서 바꾸기 한 다음, 화면에 보이도록 한다.
- 무당벌레가 화면 상단 임의의 위치에 무작위로 나타나게 하기 위해 x좌표를 −200부터 200사이의 난수, y좌표를 120부터 150사이의 난수로 이동하도록 좌표를 설정한다.
- 화면에 나타난 무당벌레는 무한 반복하며 y좌표를 −6만큼 바꾸어 아래쪽으로 이동한다. 만약 벽에 닿았다면 복제본을 삭제하여 화면에서 사라지도록 한다.
- 또한 만약 무당벌레가 Laser에 닿았을 경우에도 복제본을 삭제한다.

STEP 4　로켓 스프라이트 Life 나타내기

❶ Life 스프라이트 선택하기

- [스프라이트 업로드하기]를 클릭하여 미리 준비한 "Life3.png" 파일을 선택한다.
- 스프라이트의 이름을 Life로 변경한다.
- 스프라이트의 [모양]탭을 클릭하여 [스프라이트 업로드하기]를 클릭하여 "Life2.png", "Life1.png"파일을 업로드한다.

❷ Life 화면에 표시하기

- 깃발을 클릭했을 때 Life 스프라이트가 표시될 위치를 x: 200, y: -158 좌표로 설정한다.
- 게임이 시작되었을 때 화면에 보이게 설정하고, 모양을 life3으로 바꾼다.

❸ Life 변경하기

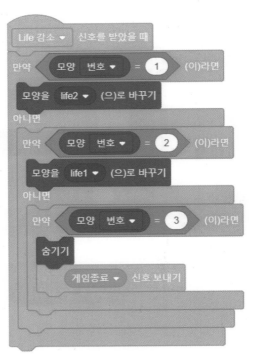

- Life 감소 신호를 받았을 때 현재 스프라이트의 모양 번호가 1이라면 모양을 life2로 바꾸기하고, 아니면 만약 모양 번호가 2라면 모양을 life1로 바꾼다. 마지막으로 만약 모양 번호가 3이라면 스프라이트를 숨기게 하고, 게임종료 신호를 보내어 게임을 종료한다.

❹ 로켓이 무당벌레에 닿았을 때 Life 감소하기

- 깃발을 클릭했을 때 무한 반복하며 로켓이 무당벌레에 닿았는지 체크한다. 만약 Ladybug2에 닿았다면 "Life 감소" 신호 보내기하고, 화면에서 숨긴다.
- 1초 후에 다시 화면에 나타나기 위해 x, y좌표를 설정하고, 화면에 보이기 한다.

STEP 5   게임 종료 메시지 나타내기

❶ game over 스프라이트 선택하기

- [스프라이트 업로드하기]를 클릭하여 미리 준비한 "Game Over.png" 파일을 선택한다.

❷ game over 메시지 나타내기

- 깃발을 클릭했을 때 메시지가 나타난 위치를 x: -35, y: 2 좌표로 설정하고, 화면에서 보이지 않도록 숨긴다.
- 게임 종료 신호를 받았을 때 화면에 나타나도록 보이기하고, 모두 멈추기 하여 게임을 종료한다.

응용문제 ① 핑퐁 게임

마우스로 패들을 움직여 공을 튕겨내는 핑퐁 게임 프로그램을 작성해보자.

동작과정

- 깃발을 클릭했을 때 공은 무한 반복하여 15만큼 움직인다.
- 마우스로 패들을 좌우로 움직여서 공을 튕겨낸다.
- 공은 패들에 닿으면 튕겨져서 회전하며 움직이고, 바닥의 빨간색 라인에 닿으면 게임이 종료된다.

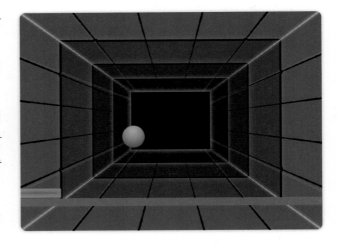

스프라이트/무대	동작과정

Ball	**깃발을 클릭했을 때**
	■ x: −71, y: −37로 이동하기
	■ 크기를 80%로 정하기
	■ 45도 방향 보기
	■ 무한 반복하기
	  ▷ 15만큼 움직이기
	  ▷ 벽에 닿으면 튕기기
	
	깃발을 클릭했을 때
	■ 무한 반복하기
	  ▷ 만약 Paddle에 닿았다면
	    • Pop 재생하기
	    • 다음 모양으로 바꾸기
	    • 시계방향으로 150도 회전하기
	    • 15만큼 움직이기
	    • 0.5초 기다리기
	  ▷ 만약 Line에 닿았다면
	    • 멈추기 모두
	
	깃발을 클릭했을 때
	■ 무한 반복하기
	  ▷ Video Game2 끝까지 재생하기

스프라이트/무대	동작과정
Paddle Paddle	**깃발을 클릭했을 때** ■ x: −195, y: −117로 이동하기 ■ 무한 반복하기 ▶ x좌표를 마우스의 x좌표로 정하기
Line Line	**깃발을 클릭했을 때** ■ x: 0, y: −133으로 이동하기
스프라이트	■ 스프라이트 저장소 − Ball, Paddle, Line
소리	■ 소리 저장소 − Video Game2
배경	■ 배경 저장소 − Neon Tunnel

응용문제 ② 마법사 황금열쇠 잡기

마법사가 빗자루를 타고 떨어지는 번개를 피해 황금열쇠를 잡는 프로그램을 작성해보자.

동작과정

- 깃발을 클릭했을 때 마법사가 "황금열쇠를 잡으러가자~출발!"이라고 말하고, 게임이 시작된다.

- 게임이 시작되면 마법사는 빗자루를 타고 상/하, 좌/우로 움직인다.

- 번개가 임의의 위치에서 무작위로 나타나고, 마법사가 번개에 닿으면 "Game Over"메시지가 화면에 나타나고, 게임이 종료된다.

- 마법사가 5초마다 한 번씩 나타나는 황금열쇠에 닿게 되면 "Success" 메시지가 화면에 나타나고, 게임이 종료된다.

스프라이트/무대	동작과정
Wizard Girl Wizard Girl	**깃발을 클릭했을 때** ■ x: −199, y: −116로 이동하기 ■ 크기를 40%로 정하기 ■ "황금열쇠를 잡으러 가자~출발!"을 1초 동안 말하기 ■ 출발 신호 보내기 ■ 무한 반복하기 ▷ 만약 Lightning에 닿았다면 • Magic Spell 재생하기 • 실패 신호 보내기 ▷ 만약 Key에 닿았다면 • Tada 재생하기 • 성공 신호 보내기 **깃발을 클릭했을 때** ■ 무한 반복하기 ▷ 만약 위쪽 화살표 키를 눌렀다면 • y좌표를 10만큼 바꾸기 ▷ 만약 아래쪽 화살표 키를 눌렀다면 • y좌표를 -10만큼 바꾸기 ▷ 만약 왼쪽 화살표 키를 눌렀다면 • x좌표를 -10만큼 바꾸기 ▷ 만약 오른쪽 화살표 키를 눌렀다면 • x좌표를 10만큼 바꾸기
Broom Broom	**깃발을 클릭했을 때** ■ x: −76, y: −151로 이동하기 ■ 크기를 40%로 정하기 ■ 숨기기 **출발 신호를 받았을 때** ■ 보이기 ■ x: −185, y: −149로 이동하기 ■ 무한 반복하기 ▷ Wiard Girl로 이동하기 ▷ y좌표를 −38만큼 바꾸기
Lightning Lightning	**깃발을 클릭했을 때** ■ x: −213, y: −135로 이동하기 ■ 숨기기 **출발 신호를 받았을 때** ■ 무한 반복하기 ▷ 나 자신 복제하기 ▷ 1초 기다리기

스프라이트/무대	동작과정
	복제 되었을 때 ■ 보이기 ■ x: −213부터 213사이의 난수, y: 153로 이동하기 ■ 벽에 닿을 때까지 반복하기 ▶ y좌표를 −10만큼 바꾸기 ■ 이 복제본 삭제하기

Key
 	
Key
	깃발을 클릭했을 때
	■ x: 199, y: 157로 이동하기
	■ 숨기기
	
	출발 신호를 받았을 때
	■ 무한 반복하기
	  ▶ 5초 기다리기
	  ▶ 보이기
	  ▶ x: 30부터 190사이의 난수, y: 135로 이동하기
	  ▶ 벽에 닿을 때까지 반복하기
	    ● y좌표를 −10만큼 바꾸기
	  ▶ 숨기기

message Game Over message	**깃발을 클릭했을 때** ■ x: 8, y: −3으로 이동하기 ■ 숨기기 **성공 신호를 받았을 때** ■ 모양을 Success로 바꾸기 ■ 보이기 ■ 모두 멈추기 **실패 신호를 받았을 때** ■ 모양을 Game Over로 바꾸기 ■ 보이기 ■ 모두 멈추기
스프라이트	■ 스프라이트 저장소 − Wizard Girl, Broom, Lightning ■ 파일 − Game Over.png, Success.png
소리	■ 소리 저장소 − Magic Spell, Tada
배경	■ 배경 저장소 − Star

1. 다음 중에서 블록의 조건에 들어갈 블록으로 적합한 것은?

2. 아래 블록이 잘 수행되려면 반드시 함께 사용해야 하는 블록은?

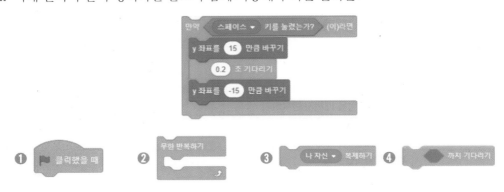

3. 스프라이트 복제 기능에 대해서 잘못 설명한 것은?

❶ 복제된 스프라이트를 삭제해도 원본 스프라이트는 삭제되지 않는다.

❷ 복제된 스프라이트는 원본 스프라이트와 다르게 행동할 수 있다.

❸ 복제된 스프라이트와 원본 스프라이트가 이벤트에 동일하게 반응한다.

❹ 복제된 스프라이트는 원본 스프라이트 크기를 150%로 확대해서 복제해도 원본 스프라이트와 동일한 크기로 복제된다.

4. 다음 제어 블록에 대해 설명한 중 잘못된 것은?

❶ ⓐ블록은 조건이 참이 될 때까지 포함된 블록들을 반복한다.

❷ ⓑ블록은 만약 조건이 참이라면 포함된 블록들은 반복한다.

❸ ⓒ블록은 복제 기능으로 자신의 스프라이트 복제만 가능하다.

❹ ⓓ블록은 조건이 참이 될 때까지 기다린다.

5. 하트 스프라이트를 사용하여 다음 화면과 같이 작성하려고 한다. 적합하지 않은 블록은?

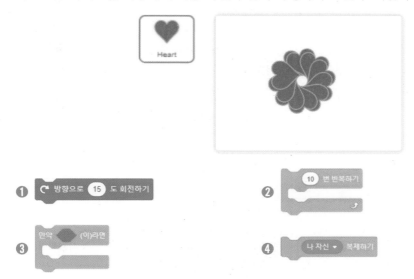

6. 다음 화면과 같이 하늘에서 떨어지는 과일을 클릭하는 게임 화면을 만들어 보시오.

동작과정

❶ 무대 배경으로 배경 저장소의 Blue Sky를 사용한다.

❷ 스프라이트는 스프라이트 저장소 또는 미리 제공된 예제 파일을 사용한다.

Apple	Bananas	Orange	Watermelon	Game Over
![apple] apple 64 x 65 / apple2 55 x 65	![bananas] bananas 79 x 72 / bananas2 59 x 65	![orange] orange 36 x 36 / Orange2-a 44 x 35	![watermelon-a] watermelon-a 79 x 63 / watermelon-b 43 x 54	Game Over / Game Over 452 x 65

❸ 사과, 바나나, 오렌지, 수박이 하늘에서 무작위로 떨어진다. 마우스로 떨어지는 과일을 클릭하면 잘려진 모양으로 변경되면서 1초 후에 사라진다.
❹ 만약 과일이 바닥에 닿게 되면 "Game Over" 메시지가 화면에 표시되고, 게임이 종료된다.

- 사과가 하늘에서 임의의 위치에서 떨어지도록 하기 위해 x좌표를 −210부터 210사이의 난수로 설정하고, y좌표를 150으로 설정한다.

- 과일이 마우스에 닿았는지 또는 아래 바닥(벽)에 닿았는지를 확인하기 위해 감지 블록을 함께 사용한다.

- 과일이 화면에 나타나는 순서의 변화를 주기 위해 1부터 8사이의 난수 초 기다리기를 사용한다.

감지

학습목표 ....

1. 스크래치에서 조건을 체크할 때 감지 블록을 사용할 수 있다.
2. 스프라이트가 마우스 포인터를 감지하여 움직이도록 할 수 있다.
3. 감지 블록과 다른 블록을 조합하여 다양한 동작을 구현할 수 있다.

학습목차 ....

8.1 감지의 개념

감지(Sensing)란 어떤 현상이나 자료를 감지, 판독하는 것을 의미하는 것으로, 스크래치의 감지 기능은 스프라이트와 무대에 감지의 기능을 제공하여 외부 특정 현상 또는 자료를 활용하게 한다. 예를 들어 스크래치 감지 기능의 활용하여 고양이가 쥐 와의 거리를 감지하여 쥐가 일정 거리 안에 들어오면 쥐를 쫓아간다거나, 고양이가 마우스 포인터의 위치를 감지하여 그 위치로 이동하게 할 수 있다.

감지 블록 알아보기

감지 기능은 제어 블록과 연산 블록을 조합하여 다양한 동작을 구현할 수 있다. 감지 블록들은 감지 대상의 현상이 발생했는지 여부에 따라 참, 거짓을 갖는 조건 블록으로 제공한다. 또한 타이머를 0으로 초기화하는 블록과 같이 감지 대상을 조작하는 문장 블록도 있다. 그 외에도 마우스의 좌표나 날짜를 확인할 수 있다. 표 8-1은 스크래치가 제공하는 감지를 위한 블록들이다.

표 8-1 감지 블록의 유형

블록 형태	설명
마우스 포인터 ▼ 에 닿았는가?	스프라이트가 마우스 포인터, 벽, 스프라이트 등에 닿았는지 확인한다.
색에 닿았는가?	스프라이트가 설정한 색에 닿았는지 확인한다.
색이 색에 닿았는가?	스프라이트에 있는 왼쪽에 설정한 색이 오른쪽에 설정한 색에 닿았는지 확인한다.
마우스 포인터 ▼ 까지의 거리	선택한 스프라이트나 마우스 포인터까지의 거리를 확인한다.
What's your name? 라고 묻고 기다리기	묻고 사용자가 답할 때까지 기다린다.
대답	사용자가 답한 내용을 저장한다.
스페이스 ▼ 키를 눌렀는가?	설정한 키가 눌렸는지 확인한다.
마우스를 클릭했는가?	마우스를 클릭했는지 확인한다.
마우스의 x좌표	마우스 포인터의 x좌표를 확인한다.

블록 형태	설명
마우스의 y좌표	마우스 포인터의 y좌표를 확인한다.
드래그 모드를 드래그 할 수 있는 ▼ 상태로 정하기	전체 화면 실행 시 스프라이트의 드래그 가능성을 설정한다.
음량	마이크로 전달된 음량을 확인한다.
타이머	타이머를 1/1000초 단위로 구한다.
타이머 초기화	타이머 값을 0으로 만든다.
무대 ▼ 의 backdrop # ▼	무대나 스프라이트의 정보를 구한다.
현재 년 ▼	현재 년, 월, 일, 요일, 시, 분, 초를 확인한다.
2000년 이후 현재까지 날짜 수	2000년 1월 1일 이후 현재까지의 날짜 수를 구한다.
사용자 이름	로그인한 사용자 이름을 구한다.

8.2 감지 블록 익히기

특정 색에 닿았는지 감지하기

나비 스프라이트를 클릭하면 "꽃의 색상을 알아볼까요?"를 말하고, 나비 스프라이트를 마우스로 드래그하여 노랑색에 닿으면 "노랑색!", 빨강색에 닿으면 "빨강색!"을 말하는 블록 스크립트를 만들어 보자.

마우스 포인터까지 거리 감지하기

스페이스 키를 누르면 쫓아오는 상어를 피해 도망가는 다이버가 상어로부터의 거리를 실시간으로 계속 말하는 블록 스크립트를 만들어 보자.

상어는 무한 반복하며 움직이는 마우스 포인트로 2초 동안 계속 이동한다.

묻고 답 기다리기

스프라이트를 클릭하면 "캐나다의 수도는?" 질문을 하며, 대답을 입력하면 1초 기다린 후 입력한 대답이 맞으면 "정답입니다!", 정답이 아닌 경우 "땡! 틀렸습니다."라고 말하는 블록 스크립트를 만들어 보자.

마우스의 x, y좌표 표시하기

스페이스 키를 누르면 스프라이트가 실시간으로 마우스 포인터와 같이 움직이면서 현재 마우스 포인터의 x, y좌표를 말하는 블록 스크립트를 만들어보자.

스페이스 ▼ 키를 눌렀을 때
무한 반복하기
　　마우스 포인터 ▼ (으)로 이동하기
　　x좌표 : 와(과) 마우스의 x좌표 결합하기 와(과) , y좌표 : 와(과) 마우스의 y좌표 결합하기 결합하기 말하기

x좌표 : -63, y좌표 : -38

알아두기

x좌표 : 와(과) 마우스의 x좌표 결합하기

"x좌표: " 문자열과 마우스의 x좌표 값을 결합한 문자열을 생성한다. 이 블록을 통해 고양이가 현재 마우스의 x좌표를 말하게 할 수 있다.

타이머 사용하기

깃발을 클릭하면 타이머를 초기화하고, 스프라이트가 움직이다가 벽에 닿으면 타이머를 확인하여 "O초 만에 도착했네요!!"라고 말하도록 블록 스크립트를 만들어 보자.

🏳 클릭했을 때
타이머 초기화
x: -185 y: -49 (으)로 이동하기
벽 ▼ 에 닿았는가? 까지 반복하기
　　10 만큼 움직이기
　　다음 모양으로 바꾸기
　　0.2 부터 0.5 사이의 난수 초 기다리기
타이머 와(과) 초 만에 도착했네요!! 결합하기 을(를) 2 초 동안 말하기

8.3 감지 블록 프로그래밍

실습문제 1 미로 게임

고양이가 별을 모두 모아 최종 목적지인 크리스탈이 있는 곳에 도착하는 프로그램을 만들어 보자. 화살표 키를 움직여서 고양이가 최종 목적지까지 60초 안에 도착하면 "미션 성공!"이라고 말하고, 60초를 초과하면 "미션 실패!"라고 말하도록 한다.

스프라이트/무대	동작과정

고양이
 	
고양이
	깃발을 클릭했을 때
	
	■ 크기를 30%로 정하기
	■ 90도 방향 보기
	■ x: −218, y: −158로 이동하기
	■ 회전 방식을 (왼쪽−오른쪽)으로 정하기
	■ 무한 반복하기
	  ▶ 만약 ■색에 닿았는가? 라면
	    ● x: -218, y: -158로 이동하기
	■ 왼쪽 화살표 키를 눌렀을 때
	  ▶ x좌표를 −10만큼 바꾸기
	  ▶ −90도 방향보기
	■ 오른쪽 화살표 키를 눌렀을 때
	  ▶ x좌표를 10만큼 바꾸기
	  ▶ 90도 방향보기
	■ 위쪽 화살표 키를 눌렀을 때
	  ▶ y좌표를 10만큼 바꾸기
	■ 아래쪽 화살표 키를 눌렀을 때
	  ▶ y좌표를 −10만큼 바꾸기

스프라이트/무대	동작과정

	깃발을 클릭했을 때
	■ 무한 반복하기
	  ▶ 만약 "Star1에 닿았는가?"라면
	    • 별1 신호 보내기
	  ▶ 만약 "Star2에 닿았는가?"라면
	    • 별2 신호 보내기
	※ Star3 ~Star5까지 동일하게 블록을 작성한다.
	  ▶ 만약 "Crystal에 닿았는가?"라면
	    • 미션결과 신호 보내기

Star1 ~ Star5 Star1 ~ Star5	**깃발을 클릭했을 때** ■ x: −109, y: 88로 이동하기 ■ 보이기 **별1 신호를 받았을 때** ■ 숨기기 ※ 스프라이트 Star2~Star5까지 x, y좌표만 달리하여 동일하게 작성한다.

Crystal
 	
Crystal
	깃발을 클릭했을 때
	■ x: 209, y: 153(으)로 이동하기
	■ 타이머 초기화
	미션결과 신호를 받았을 때
	■ 만약 타이머 < 60 라면
	  ▶ "미션 성공!"을 2초 동안 말하기
	■ 아니면
	  ▶ "미션 실패!"를 2초 동안 말하기
	■ "걸린 시간은"과 타이머의 반올림과 "초"를 결합하여 2초 동안 말하기

스프라이트	■ 스프라이트 저장소 − Star, Crystal, Cat
배경	■ 파일 − 미로배경.png

STEP 1 　배경과 스프라이트 선택하기

❶ 배경 선택

- [배경 업로드하기]를 클릭하여 미리 준비한 "미로배경.png" 파일을 선택한다.

❷ 고양이 스프라이트 선택

- [스프라이트 고르기]를 클릭하여 스프라이트 저장소의 [동물] 카테고리에서 Cat 스프라이트를 선택한다.
- 스프라이트 이름을 "고양이"로 변경한다.

❸ Star1 ~ Star5 스프라이트 선택

- [스프라이트 고르기]를 클릭하여 스프라이트 저장소의 [모두] 카테고리에서 Star 스프라

이트를 선택한다.

- 위와 동일한 방법으로 "Star2" ~ "Star5"까지 모두 5개의 스프라이트를 추가한다.

❹ Crystal 스프라이트 선택

- [스프라이트 고르기]를 클릭하여 스프라이트 저장소의 [모두] 카테고리에서 Crystal 스프라이트를 선택한다.
- 스프라이트 이름을 "Crystal"로 변경한다.

STEP 2　고양이 스프라이트 출발 위치에서 움직이기

❶ 고양이 출발 위치 설정하기

- 깃발을 클릭했을 때 고양이 스프라이트의 크기를 30%로 정하고, 방향을 90도로 설정한다. x: −218, y: −158 좌표를 지정하여 출발 위치로 이동한다.
- 고양이가 미로 안에서 움직일 때 무한 반복하여 지정한 색(■)에 닿았는지 감지하고, 만약 색에 닿았을 경우 출발 위치로 이동한다.

❷ 고양이 움직이기

- 왼쪽 화살표 키를 눌렀을 때 x좌표를 −10만큼 바꾸고, 왼쪽 방향을 바라보도록 −90도 방향 보기로 설정한다.
- 오른쪽 화살표 키를 눌렀을 때 x좌표를 10만큼 바꾸고, 오른쪽 방향을 바라보도록 90도 방향 보기로 설정한다.
- 위쪽 화살표 키를 눌렀을 때 y좌표를 10만큼 바꾼다.
- 아래쪽 화살표 키를 눌렀을 때 y좌표를 −10만큼 바꾼다.

❸ **고양이가 별에 닿았는지 감지하기**

- 깃발을 클릭했을 때 고양이가 별 스프라이트에 닿았는지 무한 반복하여 감지하고, 만약 별에 닿았을 경우 신호를 보내어 별이 사라지도록 한다.
- 최종 목적지인 Crystal에 닿았는지 감지하여, "미션결과" 신호를 보낸다.

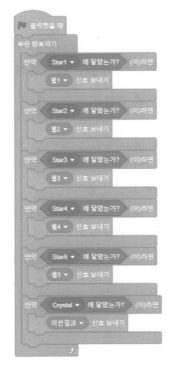

STEP 3 **별 위치 설정하고 메시지 처리하기**

❶ **Star1 스프라이트 위치 지정**

- 깃발을 클릭했을 때 Star1 스프라이트의 위치를 x, y좌표로 지정하고, "보이기"를 설정한다.
- "별1" 신호를 받았을 때, "숨기기"설정하여 별이 사라지도록 한다.
- Star2 ~ Star5 스프라이트의 위치도 위 항목과 동일한 방법으로 x, y위치를 달리하여 지정하고, 신호를 받았을 때, "숨기기" 설정한다.

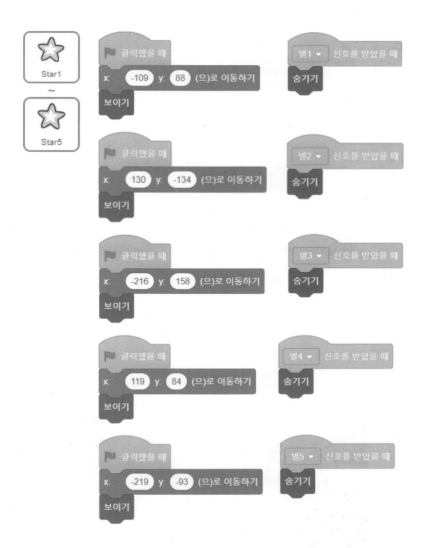

STEP 4   Crystal 위치 설정하고, 미션 결과 알려주기

❶ Crystal 스프라이트 위치 지정

- 깃발을 클릭했을 때 최종 목적지인 Crystal의 위치를 x: 209, y: 153 좌표로 지정한다.
- 고양이가 별을 모두 모아 최종 목적지인 Crystal에 도착했을 때 걸린 시간을 체크하기 위하여 타이머를 초기화 한다.

❷ "미션 결과" 신호를 받았을 때 결과 알려 주기

- 타이머를 체크하여 만약 타이머가 60보다 작다면 "미션 성공!"을 2초 동안 말하고, 아니면 "미션 실패!"를 2초 동안 말하도록 한다.
- 마지막으로 최종 걸린 시간을 2초 동안 말하도록 한다.

실습문제 ② 닭 쫓는 개

화살표 키를 이용해 닭이 이동하도록 하고, 이동하는 닭을 개가 쫓아 다니는 프로그램을 만들어 보자. 개가 닭을 잡으면 "잡았다!"라고 말하고 동작을 멈춘다.

스프라이트/무대	동작과정
닭 Rooster	**스페이스 키를 눌렀을 때** ■ 크기를 50%로 정하기 ■ x: 40, y: −120으로 이동하기 ■ 회전 방식을 (왼쪽−오른쪽)으로 정하기

스프라이트/무대	동작과정
	스페이스 키를 눌렀을 때 ■ 무한 반복하기 　▷ 만약 "왼쪽 화살표 키를 눌렀는가?" 라면 　　• -90도 방향 보기 　　• x좌표를 -10만큼 바꾸기 　▷ 만약 "오른쪽 화살표 키를 눌렀는가?" 라면 　　• 90도 방향 보기 　　• x좌표를 10만큼 바꾸기 　▷ 만약 "위쪽 화살표 키를 눌렀는가?" 라면 　　• y좌표를 10만큼 바꾸기 　▷ 만약 "아래쪽 화살표 키를 눌렀는가?"라면 　　• y좌표를 -10만큼 바꾸기
개 Dog1	**스페이스 키를 눌렀을 때** ■ 크기를 80%로 정하기 ■ x: −67, y: 21(으)로 이동하기 ■ 회전 방식을 (왼쪽−오른쪽)으로 정하기 ■ 무한 반복하기 　▷ 닭 쪽 보기 　▷ 0.5부터 3사이의 난수만큼 움직이기 　▷ 벽에 닿으면 튕기기 　▷ 만약 "닭에 닿았는가?" 이라면 　　• "잡았다!"를 1초 동안 말하기 　　• 모두 멈추기
스프라이트	■ 스프라이트 저장소 − Rooster, Dog1
배경	■ 배경 저장소 − Farm

STEP 1　배경과 스프라이트 선택하기

❶ 배경 선택

• [배경 고르기]를 클릭하여, 배경 저장소의 [실외] 카테고리에서 "Farm"을 선택한다.

❷ 닭 스프라이트 선택

• [스프라이트 고르기]를 클릭하여 스프라이트 저장소의 [동물] 카테고리에서 "Rooster"를 선택한다.

• 스프라이트 이름을 "닭"으로 변경한다.

❸ 개 스프라이트 선택

• [스프라이트 고르기]를 클릭하여 스프라이트 저장소의 [동물] 카테고리에서 "Dog1"을 선택한다.

• 스프라이트 이름을 "개"로 변경한다.

❶ 닭 시작 위치 지정

- 스페이스 키를 눌렀을 때 닭의 크기를 50%로 정하고, 시작 위치를 x: 40, y: −120 좌표로 지정한다. 회전 방향을 왼쪽-오른쪽으로 정한다.

❷ 감지 블록을 이용하여 닭 움직이기

- 스페이스 키를 눌렀을 때 감지 블록을 이용하여 왼쪽 화살표/오른쪽 화살표/위쪽 화살표/ 아래쪽 화살표 키가 눌렸는지 체크하여 닭이 움직이도록 한다.

STEP 3　　개 스프라이트 선택하기

❶ 개 시작 위치 지정

- 스페이스 키를 눌렀을 때 개의 크기를 80%로 정하고, 시작 위치를 x: −67, y: 21 좌표로 지정한다. 회전 방향을 왼쪽-오른쪽으로 정한다.

❷ 닭 쪽으로 움직이기

- 스페이스 키를 눌렀을 때 무한 반복하여 개가 닭 쪽으로 움직이기 위하여 "닭 쪽 보기"로 설정한다.

- 0.5부터 3사이의 난수만큼 움직이도록 설정하여 개의 움직임에 변화를 준다.

- 닭 쪽으로 움직이다가 닭에 닿게 되면 "잡았다!"를 1초 동안 말하고, 모든 움직임을 멈춘다.

Dog1

```
스페이스 ▼ 키를 눌렀을 때
x    -67  y:  21  (으)로 이동하기
회전 방식을  왼쪽-오른쪽 ▼  (으)로 정하기
무한 반복하기
    닭 ▼  쪽 보기
    0.5  부터  3  사이의 난수  만큼 움직이기
    벽에 닿으면 튕기기
    만약  닭 ▼  에 닿았는가?  (이)라면
        잡았다!  을(를)  1  초 동안 말하기
    멈추기  모두 ▼
```

응용문제 ① 고양이 횡단보도 건너기

차들이 지나가는 건널목에서 고양이가 횡단보도를 건너는 프로그램을 작성해보자. 신호등이 빨간색 불인지 초록색 불인지를 감지하여 고양이가 안전하게 횡단보도를 건너도록 한다.

동작과정

- 깃발을 클릭했을 때 차들이 도로를 지나간다.
- 스페이스바를 누르면 신호등이 빨간색에서 초록색 불로 바뀌고 고양이가 횡단보도를 건넌다.
- 지나가는 차는 신호등이 초록색 불로 바뀌면 횡단보도 앞에서 멈춘다.

스프라이트/무대	동작과정

고양이
 	
Cat
	깃발을 클릭했을 때
	■ x: −121, y: −128로 이동하기
	■ 60도 방향보기
	■ "횡단보도는 안전하게 건너야 해요!!"을 2초 동안 말하기
	■ 무한 반복하기
	  ▷ 만약 "신호등"의 모양 이름이 "신호등 2"와 같다면
	     ● 12번 반복하기
	       ◆ 10만큼 움직이기
	       ◆ 1초 기다리기
	       ◆ 다음 모양으로 바꾸기

신호등 1 신호등1 33 × 135 2 신호등2 32 × 133	**깃발을 클릭했을 때** ■ 모양을 신호등 1로 바꾸기 ■ x: 19, y: 8로 이동하기 **스페이스 키를 눌렀을 때** ■ 모양을 신호등 2로 바꾸기 ■ 25초 기다리기 ■ 모양을 신호등 1로 바꾸기

자동차
 	
1
convertible 1
142 × 48
 	
2
convertible 2
141 × 47
 	
3
convertible 3
141 × 47
	깃발을 클릭했을 때
	■ x: 152, y: −86으로 이동하기
	■ −84도 방향 보기
	■ 모양을 convertable1로 바꾸기
	■ 크기를 120%로 정하기
	■ 보이기
	■ 무한 반복하기
	  ▷ 만약 (신호등)의 모양 이름이 "신호등 1"와 같다면
	     ● 45번 반복하기
	       ◆ 10만큼 움직이기
	     ● 숨기기
	     ● 다음 모양으로 바꾸기
	     ● 2초 기다리기
	     ● x: 152, y: -86으로 이동하기
	     ● 보이기
	  ▷ 만약 (신호등)의 모양 이름이 "신호등 2"와 같고, x좌표가 120보다 크다면
	     ● x: 152, y: -86으로 이동하기

스프라이트	■ 스프라이트 저장소 − Cat, Convertible 2 ■ 파일 − 신호등1.png, 신호등2.png
배경	■ 배경 저장소 − Urban

스프라이트 색상 변경하기

스프라이트 저장소에서 Convertible 2를 선택하고, [모양]탭을 클릭하여 스프라이트의 채우기 색상을 변경할 수 있다.

응용문제 ② 허들 뛰어 넘기

사람이 허들을 향해 달려가서 허들을 뛰어 넘는 프로그램을 만들어 보자.

동작과정

- 깃발을 클릭했을 때 사람이 허들을 향해 달려간다.
- 허들 앞에서 스페이스바를 누르면 사람이 허들을 뛰어 넘는다.
- 만약 허들에 걸리면 사람이 넘어진다. 이때 허들도 넘어지는 모양으로 변경한다.

스프라이트/무대	동작과정
사람 **1** 달리기1 89 x 124 **2** 달리기2 87 x 117 **3** 뛰어넘기 100 x 100 **4** 넘어지기 143 x 59	**깃발을 클릭했을 때** ■ 크기를 80%로 정하기 ■ 모양을 "달리기1"로 바꾸기 ■ 맨 앞쪽으로 순서 바꾸기 ■ x: −180, y: −63으로 이동하기 ■ 무한 반복하기 ▷ 5만큼 움직이기 ▷ 다음 모양으로 바꾸기 ▷ 만약 "모양 번호"가 3과 같다면 • 모양을 "달리기 1"로 바꾸기 ▷ 만약 "스페이스 키"를 눌렀다면 • 만약 x좌표가 0보다 크고, 190보다 작다면 "성공" 신호 보내고 기다리기 ▷ 만약 "허들에 닿았는가" 이라면 • "실패" 신호 보내기 **성공 신호를 받았을 때** ■ 모양을 "뛰어넘기"로 바꾸기 ■ 1초 동안 x: 75, y: 0으로 이동하기 ■ 1초 동안 x: 195, y: −50으로 이동하기 ■ 모양을 "달리기 1"로 바꾸기 **실패 신호를 받았을 때** ■ 모양을 "넘어지기"로 바꾸기 ■ 스크립트를 모두 멈추기
허들 **1** 허들1 125 x 280 **2** 허들2 281 x 125	**깃발을 클릭했을 때** ■ x: 100, y: −84로 이동하기 ■ 모양을 "허들1"로 바꾸기 ■ 크기를 35%로 정하기 **실패 신호를 받았을 때** ■ 모양을 "허들2"로 바꾸기
스프라이트	■ 파일 – 달리기1.png, 달리기2.png, 뛰어넘기.png, 넘어지기.png, 허들1.png, 허들2.png
배경	■ 파일 – 운동장배경.png

1. 다음 중 감지 블록에 대한 설명이 옳지 않은 것은?

   ❶ 지정된 옵션을 체크하여 참(True), 거짓(False)으로만 결과를 리턴한다.

   ❷ 현재 마우스의 위치를 체크하여 좌표 값을 표시할 수 있다.

   ❸ 반드시 제어 블록과 함께 사용해야 한다.

   ❹ 음량과 시간을 체크할 수 있다.

2. 다음 보기에 있는 블록 사용방법에 대한 설명으로 옳지 않은 것은?

   ❶ 키보드의 스페이스 키가 눌려졌는지 감지하는 블록이다.

   ❷ 제어 블록과 함께 사용할 수 있다.

   ❸ 스페이스 키를 숫자 키로 변경할 수 없다.

   ❹ 연산 블록과 함께 사용할 수 있다.

3. 다음 보기에 있는 블록 사용방법에 대한 설명으로 옳지 않은 것은?

   ❶ 특정 색이 지정한 색에 닿았는지 체크하는 블록이다.

   ❷ 스프라이트의 색을 적용하여 변경할 수 있다.

   ❸ 배경의 색을 적용하여 변경할 수 있다.

   ❹ 스프라이트가 다른 스프라이트에 닿았는지는 체크할 수 없다.

4. 아래 블록은 질문하고 대답을 활용하는 블록이다. 설명으로 옳지 못한 것은?

   ❶ 질문하고자 하는 내용을 빈칸에 입력할 수 있다.

   ❷ 질문의 대답은 변수 블록을 만들어 저장해야 한다.

   ❸ [대답] 블록이 질문의 대답을 자동으로 저장한다.

   ❹ 에 대답 블록을 결합하여 사용할 수 있다.

5. 다음 중 스크래치의 감지 블록으로 할 수 없는 것은 무엇인가?

　❶ 다른 스프라이트와의 거리 측정　　　❷ 특정 키의 입력 여부

　❸ 현재의 날짜 확인　　　　　　　　　❹ 스프라이트 클릭 여부

6. 다음 화면과 같이 공을 튕겨내어 벽돌 깨기 게임을 작성해보시오.

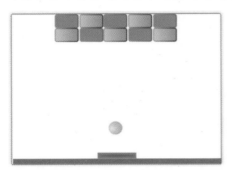 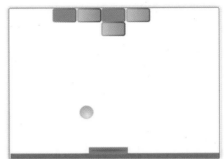

동작과정

❶ 스프라이트는 스프라이트 저장소에서 선택한다.

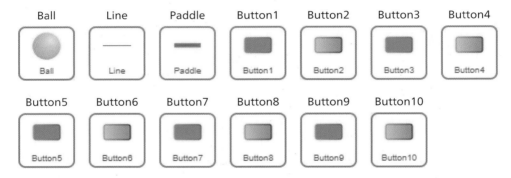

❷ 보기 화면의 시작화면과 같이 스프라이트를 배치한다.

❸ 게임 시작 시 공이 −45부터 45사이의 난수로 방향 보기를 설정하여 움직이도록 한다.

❹ 패들을 좌우 화살표 키를 사용하여 좌우로 움직인다.

❺ 공이 버튼 스프라이트에 닿거나 패들에 닿으면 방향을 바꾸어 튕기도록 한다.

❻ 만약 버튼 스프라이트에 공이 닿으면 숨기기하여 보이지 않게 한다.

❼ 공이 빨간색 라인에 닿으면 게임을 종료한다.

- 공이 버튼이나 패들에 닿았을 때 튕겨지는 동작을 180-방향 보기로 설정한다.

- 공이 버튼 스프라이트에 닿았는지 감지 블록을 사용하여 체크한다.

- 버튼에 공이 닿았는지 감지 블록을 사용하여 체크한다.

COMPUTATIONAL THINKING
Using SCRATCH

연산과 자료형

학습목표 ....

1. 스크래치의 연산 블록 기능을 이해할 수 있다.
2. 스크래치의 변수와 리스트의 개념을 이해하고 차이점을 설명할 수 있다.
3. 스크래치에서 연산, 변수, 리스트 블록을 활용하여 다양한 프로그램을 작성할 수 있다.

학습목차 ....

연산 블록

스크래치 연산블록은 숫자를 더하고 빼고 곱하고 나누는 사칙연산, 어떤값이 큰지 작은지 같은지를 비교하는 관계 연산과 AND, OR, NOT과 같은 논리 연산뿐만 아니라 난수 생성, 문자열 처리, 수학 함수를 제공한다. 연산블록 유형은 표 9-1과 같다.

표 9-1 연산 블록의 유형

블록 형태	설명
( ) + ( )	두 수의 값을 더한다.
( ) - ( )	첫 번째 수에서 두 번째 수의 값을 뺀다.
( ) × ( )	두 수의 값을 곱한다.
( ) ÷ ( )	첫 번째 수를 두 번째 수로 나눈다.
1 부터 10 사이의 난수	지정된 범위 사이에서 임의의 숫자 하나를 알려준다. 예) [1부터 10사이의 난수] 블록일 경우 1~10사이의 임의의 숫자 하나를 발생
( ) > 50	첫 번째 수가 두 번째 수보다 큰지를 판단한다. 조건을 만족하면 true, 조건이 거짓이면 false로 알려준다.
( ) < 50	첫 번째 수가 두 번째 수보다 작은지를 판단한다.
( ) = 50	첫 번째 값과 두 번째 값이 같은지를 판단한다.
그리고	두 조건이 모두 참(true)인지를 판단한다.
또는	두 조건 중 하나라도 참(true)인지를 판단한다.
이(가) 아니다	블록 안의 조건이 참이면 거짓으로, 거짓이면 참으로 결과를 나타낸다.
가위 와(과) 나무 결합하기	두 문자열을 합한다.
가위 의 1 번째 글자	문자열 중 특정 위치의 글자를 추출한다.
가위 의 길이	문자열의 개수를 출력한다.

블록 형태	설명
가위 이(가) 가 을(를) 포함하는가?	문자열에서 특정 문자가 포함되었는지 확인한다.
나누기 의 나머지	첫 번째 수를 두 번째 수로 나눈 나머지를 반환한다.
의 반올림	입력한 숫자를 가장 가까운 정수값으로 계산한다.
절댓값 ▼ ( )	입력한 숫자를 절대값, 버림, 올림, 제곱근, sin, cos 함수값을 계산한다.

9.1   연산 블록 익히기

크기와 색상이 다른 풍선 만들기

깃발을 클릭하면 풍선 10개가 복제되고 복제된 풍선은 위치, 색깔, 크기가 랜덤하게 나오도록
한다. 풍선은 위로 올라가다가 위쪽에 닿으면 복제본이 삭제되도록 블록 스크립트를 만들어
보자.

홀수 짝수 체크하기

깃발을 클릭하면 숫자를 입력받아 입력한 숫자가 홀수인지 짝수인지를 검사하는 블록 스크립
트를 만들어보자.

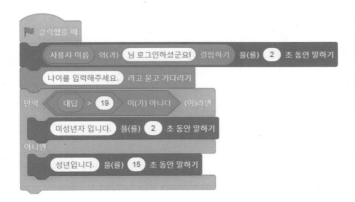

미성년자 여부 판단

깃발을 클릭하면 로그인한 사용자 이름을 말하고 나이를 입력받아 미성년자 여부를 판단하는 블록 스크립트를 만들어보자.

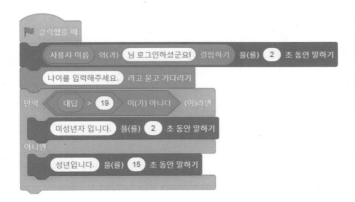

9.2 연산 블록 프로그래밍

실습문제 ① 아날로그 시계

시침, 분침, 초침을 이용하여 아날로그 시계를 만들고 오늘 날짜를 출력해보자.

스프라이트/무대	동작과정
초침 초침	**깃발을 클릭했을 때** ■ x: 0, y: 0으로 이동하기 ■ 무한 반복하기 　▶ 0도 방향 보기 　▶ 시계방향으로 (현재 초 X 6)도 회전하기
분침 분침	**깃발을 클릭했을 때** ■ x: 0, y: 0으로 이동하기 ■ 무한 반복하기 　▶ 0도 방향 보기 　▶ 시계방향으로 (현재 분 X 6)도 회전하기
시침 시침	**깃발을 클릭했을 때** ■ x: 0, y: 0으로 이동하기 ■ 무한 반복하기 　▶ (현재 시 X 30) + (현재 분 X 0.5)도 방향 보기

스프라이트/무대	동작과정
날짜 Chick	**깃발을 클릭했을 때** ■ x: 230, y: −180으로 이동하기 ■ 크기를 40%로 정하기 ■ (현재 년)과 "년" 결합하기와 (현재 월)과 "월" 결합하기와 (현재 일)과 "일" 결합하기
Line	**깃발을 클릭했을 때** ■ 크기를 60%로 정하기 ■ x: 0, y: 0으로 이동하기 **스페이스키 클릭했을 때** ■ 시계방향으로 30도 회전하기
배경	Light 배경에 숫자글자 입력하기

STEP 1 배경과 스프라이트 선택하기

❶ 배경 선택
- 배경 고르기를 선택하여 "Light" 파일을 선택한다.

❷ Line 스프라이트 선택 및 시계 배경 만들기
- 스프라이트 저장소의 [모두] 카테고리에서 Line 스프라이트를 선택한다.
- Line 스프라이트는 시계 숫자의 위치를 정하기 위해 임시로 사용된다.
- 깃발을 클릭했을 때 크기를 60%로 정하고, x,y위치는 0,0으로 이동한다.
- 스페이스키를 눌렀을 때 시계방향으로 30도 회전한다.

- 무대의 배경 탭을 누르고 "Light"를 선택한다.
- 스페이스키를 누르면 Line 스프라이트가 30도씩 회전하므로 해당 위치에 텍스트 도구를 이용하여 숫자를 입력한다.

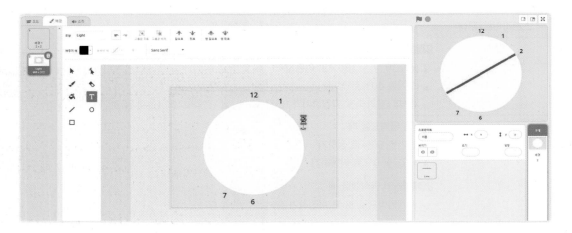

- 숫자를 다 입력하여 시계배경을 완성했으면 Line 스프라이트는 삭제한다.

❸ 초침 스프라이트 만들기
- 스프라이트 그리기를 눌러 사각형 도구를 선택하고 색상은 노란색, "윤곽선 없음"으로 설정한 후 중심점을 기준으로 직사각형을 그려준다.
- 그려진 직사각형은 형태 고치기 도구를 이용하여 오른쪽 모서리 부분을 뾰족하게 모아준다.

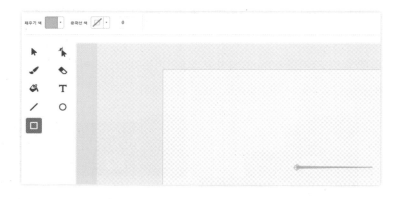

- 그려진 스프라이트 이름을 "초침"으로 변경한다.

❹ 분침 스프라이트 만들기
- 초침 스프라이트를 복사한 후 스프라이트 이름을 "분침"으로 변경한다.
- 채우기색 도구를 이용하여 노란색 도형색을 검정색으로 바꿔준다.

❺ 시침 스프라이트 만들기

- 분침 스프라이트를 복사한 후 스프라이트 이름을 "시침"으로 변경한다.
- 분침보다 길이를 작게하기 위해 선택 도구를 이용하여 도형의 크기를 줄여준다.

STEP 2 초침 움직이기

❶ 초침 시작 위치 설정하기

- 깃발을 클릭했을 때 초침 스프라이트의 x, y좌표를 지정하여 화면의 중앙에 위치하도록 한다.

❷ 초침 움직이기

- 초침은 1초마다 6도씩 회전하므로 (현재 초) × 6도 시계방향으로 계속 회전한다.
- 0도 방향보기를 추가하지 않으면 이미 회전된 곳에서 더 회전되기 때문에 반드시 0도 방향 보기를 회전하기 전에 추가한다.

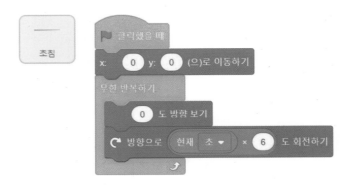

STEP 3   분침 움직이기

❶ 분침 시작 위치 설정하기

- 깃발을 클릭했을 때 분침 스프라이트의 x, y좌표를 지정하여 화면의 중앙에 위치하도록
  한다.

❷ 분침 움직이기

- 분침은 1분마다 6도씩 회전하므로 (현재 분) × 6도 시계방향으로 계속 회전한다.
- 분침도 0도 방향보기를 추가하지 않으면 이미 회전된 곳에서 더 회전되기 때문에 반드시
  0도 방향 보기를 회전하기 전에 추가한다.

STEP 4   시침 움직이기

❶ 시침 시작 위치 설정하기

- 깃발을 클릭했을 때 시침 스프라이트의 x, y좌표를 지정하여 화면의 중앙에 위치하도록
  한다.

❷ 시침 움직이기

- 시침은 현재 시까지 회전한 각도와 현재 분까지 회전한 각도를 합한 각도만큼 회전한다.

- 시침은 1시간에 30도씩 회전하고, 60분으로 계산하면 30도이므로 1분에 0.5도를 회전한다.

즉, (현재 시) × 30 + (현재 분) × 0.5도 만큼 방향보기를 한다.

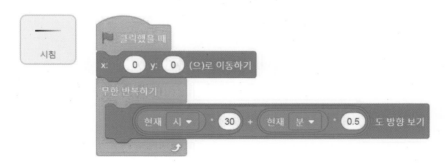

STEP 5   현재 날짜 알려주기

❶ 날짜 시작 위치 설정하기
- 깃발을 클릭했을 때 날짜 스프라이트의 크기를 설정하고 x, y좌표를 지정한다.

❷ 날짜 말하기
- 현재 년, 현재 월, 현재 일 감지 블록과 결합하여 날짜를 말해준다.

자료를 저장하는 변수와 리스트

변수란 자료를 저장해 놓는 공간을 말한다. 스크래치에서 기본으로 제공하는 변수들은 표 9-2 와 같이 특정한 값을 저장하고 있다. 변수는 타원형 모양이며 몇몇 변수를 제외하고는 왼쪽 옆 에 체크상자가 있어 무대에 값을 보여주거나 숨길수 있다.

스크래치 변수블록 알아보기

표 9-2 스크래치에서 제공하는 변수

블록 형태	설명
x 좌표	스프라이트의 x좌표 값을 나타낸다.
y 좌표	스프라이트의 y좌표 값을 나타낸다.
방향	스프라이트의 방향 각도를 나타낸다.
모양 번호 ▼	스프라이트의 모양 번호나 이름값을 나타낸다.
배경 번호 ▼	무대의 현재 배경 번호나 이름값을 나타낸다.
크기	스프라이트의 크기를 나타낸다.
음량	스프라이트의 소리의 음량 값을 나타낸다.
대답	묻고 기다리기 후 사용자가 입력한 값을 나타낸다.
음량	마이크의 음량 값을 나타낸다.
타이머	프로젝트를 시작하고 나서부터의 1/1000초 단위의 시간을 나타낸다.
무대 ▼ 의 배경 번호 ▼	무대의 배경 번호, 배경 이름, 음량, 변수를 나타낸다. 스프라이트의 x좌표, y좌표, 방향, 모양 번호, 모양 이름, 크기, 음량을 나타낸다.
현재 년 ▼	현재 시간(년, 월, 일, 요일, 시, 분, 초)을 나타낸다.
2000년 이후 현재까지 날짜 수	2000년 1월 1일부터 현재까지의 날짜 일수를 나타낸다.
사용자 이름	스크래치 사이트에서 로그인한 사용자 ID를 나타낸다.

변수 만들기

변수는 스크래치가 제공하는 변수를 활용할 수도 있고 사용자가 원하는 변수를 만들어 사용할 수도 있다. 사용자가 원하는 변수를 생성하기 위해서는 [변수]-[변수 만들기]를 클릭한다. 새로운 변수 이름은 변수의 특징을 잘 나타낼수 있는 이름으로 정한다. 예를 들어, 게임 점수를 저장하고 싶으면 "점수"라는 이름으로 만든다. 변수는 모든 스프라이트에서 사용 가능한 전역변수나 작성한 스프라이트에서만 사용 가능한 지역변수 중 선택하여 만들 수 있다.

사용자가 만든 변수는 그림과 같이(☑ 점수) 새롭게 추가되어 나타난다. 변수 블록은 표 9-3과 같다.

표 9-3 변수 블록의 종류

블록 형태	설명
나의 변수	스프라이트의 x좌표 값을 나타낸다.
나의 변수 ▼ 을(를) 0 로 정하기	변수를 입력한 값으로 정한다. ▼를 누르면 변수 이름을 바꾸거나 변수를 삭제할 수 있다.
나의 변수 ▼ 을(를) 1 만큼 바꾸기	변수를 입력한 값만큼 바꾼다.
나의 변수 ▼ 변수 보이기	변수를 무대에 보이게 한다.
나의 변수 ▼ 변수 숨기기	변수를 무대에서 숨긴다.

무대에 있는 변수는 보여주는 형식을 변경할 수 있다.

변수이름-변수값 보기  :
기본값으로 변수이름과 값이 나타난다.

변수값 크게 보기 :
변수이름 없이 변수값만 나타난다.

슬라이더 사용하기 :
변수 이름 아래 슬라이더가 나타나면 최소 0-100으로 설정되어 있다. 슬라이더를 사용하는 경우 마우스 오른쪽 버튼을 누르면 [change slider range] 메뉴를 이용하여 최소값과 최대값을 변경할 수 있다.

리스트 생성하기

리스트와 변수는 데이터를 저장하는 역할은 동일하지만 변수는 하나의 데이터만 저장할 수 있고 리스트는 여러 개의 데이터를 한꺼번에 저장할 수 있다. 리스트는 사용자가 직접만들어 사용한다. [변수]-[리스트 만들기]를 클릭하여 리스트를 만든다. 리스트 이름은 특징을 잘 나타낼 수 있는 이름으로 정한다.

모든 스프라이트에서 사용
모든 스프라이트에서 사용 가능한 전역 리스트

이 스프라이트에서만 사용
작성한 스프라이트에서만 사용 가능한 지역 리스트

리스트 블록은 새로운 리스트를 만들면 표 9-4와 같이 나타난다. 표 9-4는 "목록"이라는 리스트를 만든 경우이다.

표 9-4 리스트 블록의 종류

블록 형태	설명
목록	리스트 만들기를 눌러 새로운 리스트를 만들면 사용자가 만든 리스트명이 나타난다. 마우스 오른쪽 버튼을 누르면 리스트 이름도 바꿀수 있고, 리스트를 삭제할 수도 있다.
항목 을(를) 목록 ▼ 에 추가하기	항목을 리스트의 마지막에 추가한다.

블록 형태	설명
1 번째 항목을 목록 ▼ 에서 삭제하기	지정한 위치의 항목을 삭제한다.
목록 ▼ 의 항목을 모두 삭제하기	리스트의 모든 항목을 삭제한다.
항목 을(를) 목록 ▼ 리스트의 1 번째에 넣기	항목을 지정한 위치에 삽입한다.
목록 ▼ 리스트의 1 번째 항목을 항목 으로 바꾸기	지정한 위치에 있는 리스트 항목을 변경한다.
목록 ▼ 리스트의 1 번째 항목	리스트의 지정한 위치의 항목을 가져온다.
목록 ▼ 리스트에서 항목 항목의 위치	리스트의 항목의 위치를 가져온다.
목록 ▼ 의 길이	리스트의 길이를 알려준다.
목록 ▼ 이(가) 항목 을(를) 포함하는가?	리스트에 항목의 포함 여부를 true, false로 알려준다.
목록 ▼ 리스트 보이기	리스트를 무대에서 보이게 한다.
목록 ▼ 리스트 숨기기	리스트를 무대에서 숨긴다.

무대에 있는 리스트는 마우스 오른쪽 버튼을 누르면 가져오기와 내보내기 기능을 선택할 수 있으며 직접 항목을 추가할 수도 있고 리스트의 크기도 조절할 수 있다.

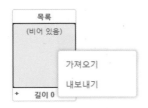

+: 항목을 +버튼을 눌러 직접 추가할 수 있다.
가져오기: 외부의 csv, tsv, txt 파일을 가져올 수 있다.
내보내기: 목록 리스트를 txt 파일로 저장할 수 있다.

9.3   변수와 리스트 블록 익히기

로그인 체크하기

깃발을 클릭하면 사용자로부터 아이디와 비밀번호를 입력받아 아이디가 "mokwon"이고 비밀번호가 "1234"이면 "로그인 하셨습니다."를 2초간 말하고 아니면 "아이디 비밀번호를 확인해주세요"를 2초간 말하는 블록 스크립트를 만들어보자.

별 잡기

별이 1초 간격으로 랜덤하게 움직인다. 사용자가 마우스로 별을 클릭한 경우 점수를 1점씩 증가하는 스크립트를 작성해보자.

두 수 더하기

깃발을 클릭하면 두 수를 입력받아 더한 결과를 알려주는 블록 스크립트를 만들어보자.

메뉴 선택하기

깃발을 클릭하면 먹고 싶은 메뉴를 입력받아 랜덤하게 메뉴를 골라주는 블록 스크립트를 만들어보자.

영어 단어 퀴즈

한글단어가 나오면 영어 단어로 입력하는 퀴즈이다. 퀴즈를 맞힐 때마다 정답 여부를 판단하고 퀴즈가 종료되면 사용자가 맞힌 퀴즈 개수를 알려준다. 리스트와 변수를 활용하여 블록스크립트를 작성해보자. 단어리스트와 정답리스트는 직접 등록한다.

단어리스트: 퀴즈 문제를 저장하는 목록
정답리스트: 퀴즈 문제 정답을 저장하는 목록
번호: 단어리스트의 문제 순서를 나타내는 변수
정답개수: 퀴즈를 맞춘 개수를 저장하는 변수

단어리스트		정답리스트	
1	행복	1	happy
2	컴퓨터	2	computer
3	사랑	3	love
+	길이 3 ≡	+	길이 3 ≡

클릭했을 때
단어리스트 ▾ 리스트 숨기기
단어리스트 ▾ 의 항목을 모두 삭제하기
행복 을(를) 단어리스트 ▾ 에 추가하기
컴퓨터 을(를) 단어리스트 ▾ 에 추가하기
사랑 을(를) 단어리스트 ▾ 에 추가하기
정답리스트 ▾ 리스트 숨기기
정답리스트 ▾ 의 항목을 모두 삭제하기
happy 을(를) 정답리스트 ▾ 에 추가하기
computer 을(를) 정답리스트 ▾ 에 추가하기
love 을(를) 정답리스트 ▾ 에 추가하기
정답개수 ▾ 을(를) 0 로 정하기
지금부터 퀴즈를 시작하겠습니다. 을(를) 2 초 동안 말하기
말풍선에 있는 말을 영어 단어로 입력해주세요. 을(를) 3 초 동안 말하기
퀴즈 ▾ 신호 보내기

9.4 자료를 활용한 변수와 리스트 프로그래밍

실습문제 ② 로봇 공격 피하기

우주에 놀러온 피코(Pico)는 로봇으로부터 랜덤하게 날아오는 달걀 공격을 피하도록 하자.

동작과정

- 깃발을 클릭하면 로봇은 좌우로 움직이며 달걀 공격을 한다.
- 피코는 키보드 방향키를 이용해 상, 하, 좌, 우로 움직이도록 한다.
- 피코의 생명은 3번의 기회가 있고 생명은 달걀이나 로봇에 닿으면 −1씩 감소한다.
- 생명이 모두 없어지면 게임에 실패하고, 10초간 생명을 유지하면 피코는 게임에서 승리한다.

스프라이트/무대	동작과정
피코 Pico	**깃발을 클릭했을 때** ■ 크기를 50%로 정하기 ■ x :0, y: 0으로 이동하기 ■ 생명 변수 보이기 ■ 생명 변수를 3으로 정하기

스프라이트/무대	동작과정
	■ 무한 반복하기 　▷ 만약 달걀에 닿았는가? 또는 로봇에 닿았는가? 라면 　　• 생명을 −1만큼 바꾸기 　　• 1초 기다리기 　▷ 만약 생명=0 이라면 　　• 게임실패 신호 보내기 **깃발을 클릭했을 때** ■ 시간 변수 보이기 ■ 시간 변수를 10으로 정하기 ■ 무한 반복하기 　▷ 만약 시간>0이라면 　　• 1초 기다리기 　　• 시간을 −1만큼 바꾸기 　▷ 아니면 　　• 게임승리 신호 보내기 **깃발을 클릭했을 때** ■ 무한 반복하기 　▷ 만약 위쪽 화살표 키를 눌렀는가? 라면 　　• y좌표를 10만큼 바꾸기 　▷ 만약 아래쪽 화살표 키를 눌렀는가? 라면 　　• y좌표를 -10만큼 바꾸기 　▷ 만약 오른쪽 화살표 키를 눌렀는가? 라면 　　• x좌표를 10만큼 바꾸기 　▷ 만약 왼쪽 화살표 키를 눌렀는가? 라면 　　• x좌표를 -10만큼 바꾸기
로봇 Robot	**깃발을 클릭했을 때** ■ 맨 앞쪽으로 순서 바꾸기 ■ 크기를 80%로 정하기 ■ 무한 반복하기 　▷ 0.5초 동안 −240부터 240사이의 난수, y :100으로 이동하기
달걀 Egg	**깃발을 클릭했을 때** ■ 크기를 50%로 정하기 ■ 숨기기 ■ 무한 반복하기 　▷ Robot으로 이동하기 　▷ 나 자신 복제하기 　▷ 0.2초 기다리기 **복제되었을 때** ■ 보이기 ■ 1초동안 x:−250부터 250사이의 난수, y:−200으로 이동하기 ■ 이 복제본 삭제하기

스프라이트/무대	동작과정
게임실패 Game Over 게임실패	**깃발을 클릭했을 때** ■ 숨기기 **게임실패 신호를 받았을 때** ■ 보이기 ■ 모두 멈추기
게임성공 You Win! 게임성공	**깃발을 클릭했을 때** ■ 숨기기 **게임성공 신호를 받았을 때** ■ 보이기 ■ 모두 멈추기
변수	■ 생명: Pico의 게임 생명 ■ 시간: 게임 시간
배경	■ Stars

STEP 1 배경과 스프라이트 선택 및 변수 추가

❶ 배경 선택

- 배경 저장소의 [우주] 카테고리에서 "Stars"을 선택한다.

❷ Pico 스프라이트 선택

- 스프라이트 저장소의 [판타지] 카테고리에서 "Pico"를 선택한다.
- 스프라이트 이름은 "피코"로 변경한다.

❸ Robot 버튼 스프라이트 선택

- 스프라이트 저장소의 [모두] 카테고리에서 "Robot"를 선택한다.
- 스프라이트 이름은 "로봇"으로 변경한다.

❹ Egg 버튼 스프라이트 선택

- 스프라이트 저장소의 [음식] 카테고리에서 "Egg"를 선택한다.
- 스프라이트 이름은 "달걀"으로 변경한다.

❺ 게임실패 스프라이트 만들기

- 스프라이트 그리기에서 텍스트 도구를 선택하고 글꼴은 Handwriting으로 설정한다.
- 무대 중심점을 기준으로 "Game Over"를 입력한다.
- 스프라이트 이름을 "게임실패"로 변경한다.

❻ 게임성공 스프라이트 만들기

- 스프라이트 그리기에서 텍스트 도구를 선택하고 글꼴은 Handwriting으로 설정한다.

- 무대 중심점을 기준으로 "You Win"을 입력한다.

- 스프라이트 이름을 "게임성공"으로 변경한다.

❼ 변수 추가

- 변수 만들기 버튼을 클릭하여 생명과 시간 변수를 생성한다.

`STEP 2` **피코 스프라이트 선택하기**

❶ 시작 위치와 변수값 설정하기

- 크기를 50%로 정하고, x, y좌표를 0,0으로 이동하여 무대 정중앙에 위치하도록 한다.

- 생명 변수는 무대에 보이도록 하고, 생명은 3번의 기회가 있으므로 초기값을 3으로 정한다.

❷ 게임 규칙 판단하기

- 피코가 달걀이나 로봇에 닿으면 생명 변수 값을 −1만큼씩 바꾸고 1초를 기다린다. 시간 지연을 하지 않는 경우 달걀이 Pico를 맞추는 동안 계속 생명값이 줄어드므로 1초 기다리기 블록을 추가한다.

- 만약 생명이 0이면 게임실패 신호를 보낸다.

❸ 제한 시간 표시하기
- 깃발을 클릭했을 때 시간 변수를 보이도록 한다.
- 게임 제한 시간은 10초로 정하였으므로 시간 변수 초기값을 10으로 정한다.
- 시간이 0보다 큰 경우, 1초 기다리고 시간은 1초씩 감소한다.
- 10초동안 생명을 유지하면 즉, 시간이 0이 될 때까지 살아있으면 게임승리 신호를 보낸다.

❹ 움직임 제어하기
- 깃발을 클릭했을 때 Pico의 움직임을 방향키로 제어하기 위해서 위, 아래, 오른쪽, 왼쪽 화살표 키를 눌렀는지를 감지하여 x, y 좌표 값을 변경한다.

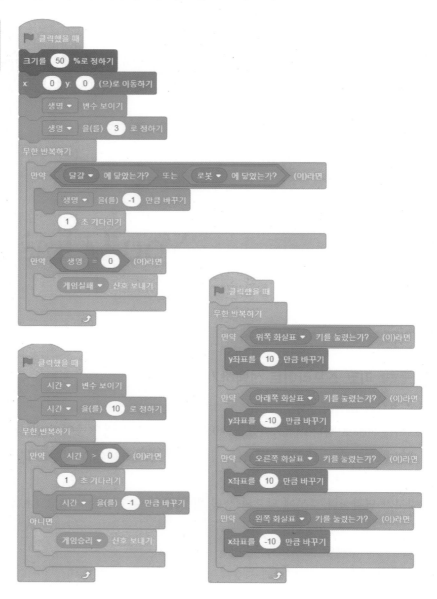

로봇 스프라이트 선택하기

❶ 크기와 순서 설정하기

- 달걀이 로봇 뒤에서 나오도록 하기 위해서 로봇의 순서를 맨 앞쪽으로 바꾸고 크기를 80%로 정한다.

❷ 로봇 움직임

- 로봇은 1초 동안 x좌표는 −240부터 240 사이의 난수만큼 이동하고 y좌표는 100으로 고정한다.

STEP 4 달걀 스프라이트 선택하기

❶ 크기설정 및 복제

- Egg의 크기는 50%로 정하고 숨긴다.
- 로봇에서 달걀이 나오도록 나타내기 위해 로봇으로 계속 이동하고, 나 자신을 0.2초마다 복제한다.

❷ 복제된 달걀 움직임

- 복제되었을 때 달걀은 보이고, 1초 동안 x좌표는 −250부터 250 사이의 난수로 정하고, y좌표는 −200으로 이동하도록 하여 아래로 떨어지면 이 복제본은 삭제한다.

게임실패 스프라이트 선택하기

- 깃발을 클릭했을 때 숨기고, 게임실패 신호를 받았을 때 나타나며 모든 기능을 멈춘다.

게임성공 스프라이트 선택하기

- 깃발을 클릭했을 때 숨기고, 게임승리 신호를 받았을 때 나타나며 모든 기능을 멈춘다.

응용문제 1 OX퀴즈

OX퀴즈가 나오면 사용자는 5초안에 O 또는 X 중 하나를 선택한다. 사회자는 정답과 오답을 알려주고 총 맞힌 개수를 알려주는 블록 스크립트를 작성해보자.

동작과정

- 깃발을 누르면 사회자가 퀴즈문제 를 낸다.
- 퀴즈는 총 5문제이며 한 문제당 제 한시간은 5초이다.
- 사용자는 O, X를 선택하면 선택된 스프라이트의 색상을 변경한다.
- 5초가 지나가면 정답과 오답을 알 려준다.
- 5개 문제가 다 끝나면 퀴즈가 끝났 음을 말해주고 총 맞힌 개수를 알 려준다.

스프라이트/무대	동작과정

사회자
 	
Dee
	깃발을 클릭했을 때
	■ 크기를 70%로 정하기
	■ x: 0, y: 10으로 이동하기
	■ 문제번호 변수를 0으로 정하기
	■ 맞힌개수 변수를 0으로 정하기
	■ 사용자답 변수를 "선택안함"으로 정하기
	■ "퀴즈를 시작하겠습니다."를 2초 동안 말하기
	■ "O,X를 5초 안에 선택해주세요."를 3초 동안 말하기
	■ 퀴즈문제의 길이만큼 반복하기
	  ▷ 문제번호를 1만큼 바꾸기
	  ▷ 퀴즈문제 리스트의 (문제번호)번째 항목 말하기
	  ▷ 시간 변수를 5로 정하기
	  ▷ 5번 반복하기
	    ● 1초 기다리기
	    ● 시간을 −1만큼 바꾸기
	  ▷ 만약 퀴즈정답 리스트의 (문제번호)번째 항목과 사용자답 변수값이 같다면
	    ● "정답입니다."를 2초 동안 말하기
	    ● 맞힌개수를 1만큼 바꾸기
	  ▷ 아니면
	    ● "틀렸습니다."를 2초 동안 말하기
	  ▷ 사용자답 변수를 "선택안함"으로 정하기
	  ▷ 선택색상지우기 신호보내기
	■ "퀴즈가 끝났습니다."를 2초 동안 말하기
	  ▷ (맞힌개수)와 "개 맞혔습니다." 결합하여 말하기

정답 Block-X	**깃발을 클릭했을 때** ■ x: 110, y: 0으로 이동하기 ■ 크기를 150%로 정하기 **이 스프라이트를 클릭했을 때** ■ 색깔 효과를 25로 정하기 ■ 사용자답을 X로 정하기 **선택색상지우기 신호를 받았을 때** ■ 그래픽 효과 지우기
오답 Block-O	**깃발을 클릭했을 때** ■ x: −140, y: 0으로 이동하기 ■ 크기를 150%로 정하기 **이 스프라이트를 클릭했을 때** ■ 색깔 효과를 25로 정하기 ■ 사용자답을 O로 정하기 **선택색상지우기 신호를 받았을 때** ■ 그래픽 효과 지우기

스프라이트/무대	동작과정
변수	맞힌개수: 사용자가 정답을 맞힌개수 문제번호: 사용자가 퀴즈번호 순서 사용자답: 사용자가 선택한 답
리스트	퀴즈문제: 퀴즈 문제를 저장하는 리스트 **1.** 달팽이도 이빨이 있다? **2.** 우리나라에서 가장 넓은 차선은 광화문 앞의 16차선이다? **3.** 용은 십장생 중 하나다? **4.** 로댕의 생각하는 사람은 오른손으로 턱을 받치고 있다? **5.** 비행기의 블랙박스는 검은색이다? 퀴즈정답: 퀴즈 문제 정답을 저장하는 리스트 **1.** O **2.** O **3.** X **4.** O **5.** X

1. 다음중 변수 블록이 아닌 것은?

2. 고양이 스프라이트에 다음 블록을 추가하였다. 스페이스키를 눌렀을 때 고양이는 뭐라고 말하는가?

3. 깃발을 클릭했을 때 목록 리스트의 항목의 순서로 올바른 것은?

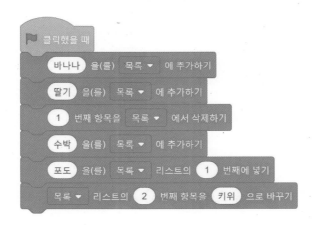

❶ 바나나-딸기-수박-포도-키위　　❷ 딸기-수박-포도-키위
❸ 포도-키위-수박　　❹ 포도-딸기-수박

4. 고양이 스프라이트에 다음 블록 스크립트를 작성한 후 스페이스 키를 눌렀을 때 고양이의 동작과정을 올바르게 설명한 것은?

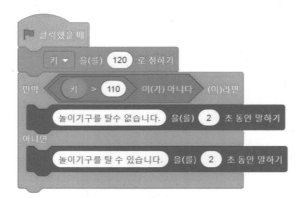

❶ 고양이는 1초 간격으로 "천사"를 2초동안 5번 말한다.
❷ 고양이는 1초 간격으로 "천사"를 2초동안 2번 말한다.
❸ 고양이는 1초 간격으로 "원과"를 2초동안 2번 말한다.
❹ 고양이는 1초 간격으로 "원과"를 2초동안 4번 말한다.

5. 깃발을 클릭했을 때 다음 실행결과는?

6. 다음 수식의 실행 결과는?

확장 기능

학습목표 ···

1. 스크래치의 확장 기능을 이용하여 다양한 기능을 활용할 수 있다.
2. 펜 블록을 이용하여 그림을 그릴 수 있다.
3. 비디오 감지 블록을 이용하여 사용자 움직임을 감지할 수 있다.
4. 텍스트 음성 변환(TTS) 블록을 이용하여 글자를 음성으로 안내할 수 있다.
5. 번역 블록을 이용하여 다양한 언어로 번역할 수 있다.

학습목표 ···

스프라이트 펜

스크래치에는 기본 블록 이외에도 확장 기능을 추가하여 다양한 블록들을 사용할 수 있다. 확장 블록에서는 음악, 펜, 텍스트 음성 변환, 번역 기능을 제공한다. 또한, 별도의 하드웨어 장비와 연결하여 비디오 감지, 로봇 등을 동작시킬 수 있는 블록들을 제공한다.

확장 기능 추가하기

확장 기능을 추가하기 위해서는 블록 팔레트 아래의 [확장 기능 추가하기] 버튼을 클릭한다. 확장 기능 고르기 화면에서 사용자가 원하는 기능을 선택하면 새로운 블록이 추가된다.

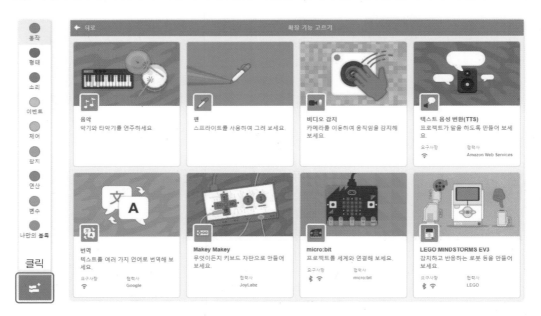

10.1 펜 블록

우리가 종이에 그림을 그리듯이 스크래치에서도 펜 블록을 이용하여 그림을 그릴 수 있다. 종이에 펜을 내려서 그리고 이동할 때는 펜을 올려서 그리는 것과 마찬가지로 스크래치에서도 그림을 표현할 수 있는 다양한 블록들이 있다.

표 10-1 펜 블록의 유형

블록 형태	설명
모두 지우기	무대의 모든 펜 자국과 도장을 지운다.
도장찍기	현재 스프라이트의 모양을 도장처럼 복제한다.
펜 내리기	펜을 무대에 내린다.
펜 올리기	펜을 무대에서 올린다.
펜 색깔을 ● (으)로 정하기	펜의 색깔을 선택하여 정한다.
펜 색깔 ▼ 을(를) 10 만큼 바꾸기	펜의 색깔, 채도, 명도, 투명도를 입력한 값만큼 바꾼다.
펜 색깔 ▼ 을(를) 50 (으)로 정하기	펜의 색깔, 채도, 밝기, 투명도를 입력한 값으로 정한다. ■ 명도: 0이면 검은색, 100이면 흰색 ■ 색깔: 빨간색(0), 노란색(35), 녹색(70), 파란색(130), 보라색(150)
펜 굵기를 1 만큼 바꾸기	펜 굵기를 입력한 값만큼 바꾼다.
펜 굵기를 1 (으)로 정하기	펜 굵기를 입력한 값으로 정한다. ■ 펜굵기: 1~255

10.2 펜 블록 익히기

사각형 그리기

깃발을 클릭하면 펜을 이용하여 크기가 150인 정사각형을 그려보도록 하자. 정사각형은 길이가 같은 4개의 선분과 네 각은 모두 90도이다.

▶ 스프라이트: Crystal

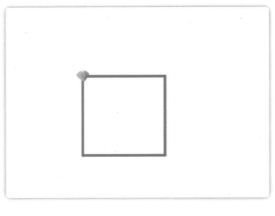

육각형과 삼각형 그리기

펜을 이용하여 정육각형과 정삼각형을 그려보도록 하자. 두 개의 도형을 그릴 때 펜 올리기와 내리기 기능을 이해하고 코딩해본다.

▶ 스프라이트: Crystal

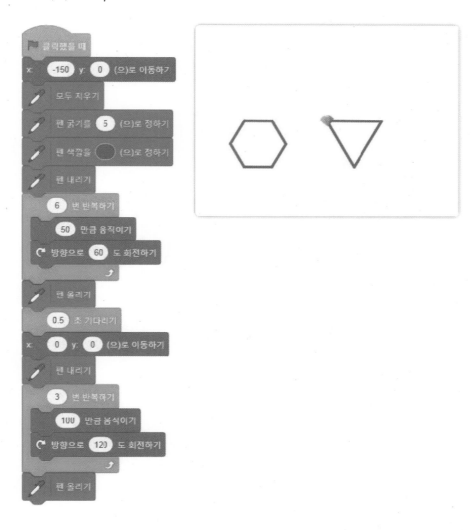

꽃 그리기

도장찍기 기능을 이용하여 꽃을 그려보도록 하자. 꽃잎은 스프라이트의 그리기 기능을 이용하여 그린다.

▶ **스프라이트**: 사용자가 중심점을 기준으로 잎모양을 직접 그린다.

10.3 그림을 그리는 펜 프로그래밍

실습문제 ① 오륜기 그리기

펜을 이용하여 원을 그려 오륜기를 그려보도록 하자.

동작과정

- 다섯 개의 원을 그린다.
- 원을 그릴 때마다 원의 위치와 원의 색상을 변경한다.
- 원 그리기 기능은 신호로 정의한다.

스프라이트	세부동작
Cat Cat	**깃발을 클릭했을 때** ■ 숨기기 ■ x:-150, y: 70으로 이동하기 ■ 90도 방향 보기 ■ 모두 지우기 ■ 펜 굵기를 10으로 정하기 ■ 펜 색깔을 ■로 정하기 ■ 원그리기 신호 보내고 기다리기 ■ 펜 색깔을 ■로 정하기 ■ x:-10, y: 70으로 이동하기 ■ 원그리기 신호 보내고 기다리기 ■ 펜 색깔을 ■로 정하기 ■ x:130, y: 70으로 이동하기 ■ 원그리기 신호 보내고 기다리기 ■ 펜 색깔을 ■로 정하기 ■ x:-80, y: 10으로 이동하기

스프라이트	세부동작
	■ 원그리기 신호 보내고 기다리기
	■ 펜 색깔을 ■로 정하기
	■ x:60, y: 10으로 이동하기
	■ 원그리기 신호 보내고 기다리기
	원그리기 신호를 받았을 때
	■ 펜 내리기
	■ 36번 반복하기
	▶ 10만큼 움직이기
	▶ 시계방향으로 10도 회전하기
	■ 펜 올리기

STEP 1   스프라이트 선택하기

❶ 고양이 스프라이트 선택

- 스프라이트 저장소의 [동물] 카테고리에서 Cat 스프라이트를 선택한다.

STEP 2   Cat 스프라이트에서 오륜기 그리기

❶ 오륜기 시작 위치와 펜 굵기 설정하기

- 깃발을 클릭했을 때 고양이 스프라이트는 숨긴다.
- 오륜기의 시작 위치를 x, y좌표로 정하고 오른쪽을 바라본다.
- 무대를 모두 지우고 펜 굵기를 설정한다.

❷ 오륜기 색상과 위치를 정하고 원 그리기 신호 보내기

- 첫 번째 원의 색상을 정하고 원 그리기 신호를 보내고 기다린다.
- 두 번째 원의 색상을 정하고 두 번째 원을 그릴 위치로 이동한 후, 원 그리기 신호를 보내고 기다린다. 만일 [원 그리기 신호 보내기] 블록을 사용하는 경우 원이 동시에 그려지므로 제대로 표현되지 않는다.
- 세 번째 원의 색상을 정하고 세 번째 원을 그릴 위치로 이동한 후, 원 그리기 신호를 보내고 기다린다.
- 네 번째 원의 색상을 정하고 네 번째 원을 그릴 위치로 이동한 후, 원 그리기 신호를 보내고 기다린다.
- 다섯 번째 원의 색상을 정하고 다섯 번째 원을 그릴 위치로 이동한 후, 원 그리기 신호를 보내고 기다린다.

❸ 원 그리기

- 원 그리기 신호를 받았을 때 펜을 내리고, 360도 회전하며 원을 그린다. 원은 사용자가 설정하는 회전 각도와 움직이는 길이에 따라 원의 크기는 달라진다.
- 원이 다 그려지면 펜을 올린다.

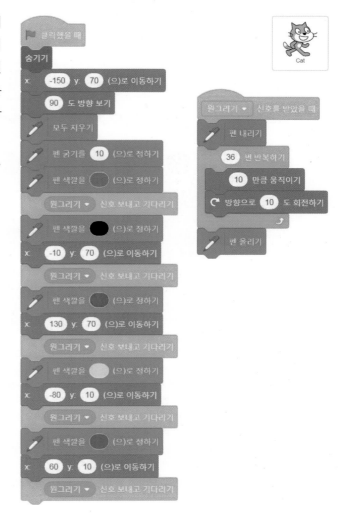

실습문제 ② 그림판 만들기

사용자가 원하는 색상과 펜의 굵기를 선택하여 그림을 그려볼 수 있는 그림판을 만들어 보자.

동작과정

- 마우스를 따라다니는 펜을 만들고, 마우스를 클릭했을 때 그림이 그려지도록 한다.
- 물감 스프라이트를 클릭하여 펜 색상을 변경한다.
- 펜굵기는 1~10크기로 설정한다.

※ 편집기의 경우에는 마우스로 드래그하며 그림을 그릴 때 스프라이트가 이동하는 걸로 인식하여 펜 기능이 제대로 동작하지 않는다. 실행 결과는 반드시 전체화면에서 테스트한다.

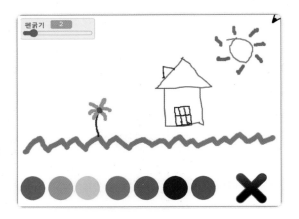

스프라이트	세부동작

Pencil
 	
Pencil
	깃발을 클릭했을 때
	
	■ 무한 반복하기
	  ▶ 만약 빨강에 닿았는가? 그리고 마우스를 클릭했는가? 라면
	     • 펜 색깔을 ■로 정하기
	  ▶ 만약 주황에 닿았는가? 그리고 마우스를 클릭했는가? 라면
	     • 펜 색깔을 ■로 정하기
	  ▶ 만약 노랑에 닿았는가? 그리고 마우스를 클릭했는가? 라면
	     • 펜 색깔을 ■로 정하기
	  ▶ 만약 초록에 닿았는가? 그리고 마우스를 클릭했는가? 라면
	     • 펜 색깔을 ■로 정하기
	  ▶ 만약 파랑에 닿았는가? 그리고 마우스를 클릭했는가? 라면
	     • 펜 색깔을 ■로 정하기
	  ▶ 만약 남색에 닿았는가? 그리고 마우스를 클릭했는가? 라면
	     • 펜 색깔을 ■로 정하기
	  ▶ 만약 보라에 닿았는가? 그리고 마우스를 클릭했는가? 라면
	     • 펜 색깔을 ■로 정하기
	
	깃발을 클릭했을 때
	
	■ 모두 지우기
	■ 펜 올리기
	■ 맨 앞쪽으로 순서 바꾸기
	■ 무한 반복하기
	  ▶ 마우스 포인터로 이동하기
	  ▶ 만약 마우스를 클릭했는가? 라면
	     • 펜 내리기
	     • 펜 굵기를 `펜굵기`로 정하기
	  ▶ 아니면
	     • 펜 올리기

스프라이트	세부동작
지우개 ✖ Button5	**이 스프라이트를 클릭했을 때** ■ 모두 지우기
스프라이트	■ Ball로 물감 팔레트 만들기 🔴 빨강　🔴 주황　🟡 노랑　🟢 초록　🔵 파랑　🟣 남색　🟣 보라
변수	■ 펜굵기: 펜의 굵기를 저장하는 변수 ■ 슬라이더 사용하기, 최소값은 1부터 최대 10까지 지정하기

STEP 1 　스프라이트 선택하기

❶ Pencil 스프라이트 선택

- 스프라이트 저장소의 [모두] 카테고리에서 Pencil 스프라이트를 선택한다.
- Pencil 스프라이트를 선택하고 [모양] 탭에서 중심점을 연필심 쪽으로 변경한다.

❷ Ball 스프라이트 선택

- 스프라이트 저장소의 [모두] 카테고리에서 Ball 스프라이트를 선택한다.
- [모양] 탭에서 채우기 색 도구를 선택하고 빨간색으로 채운다.
- 스프라이트 이름은 "빨강"으로 변경한다.
- 물감 팔레트 만들기 위해 "빨강" 스프라이트를 6개 복사한다.
- 복사된 각 스프라이트의 이름은 "주황", "노랑", "초록", "파랑", "남색", "보라"로 변경하고, [모양] 탭에서 각 스프라이트 이름에 맞는 색상으로 채운다.

❸ Button5 스프라이트 선택

- 스프라이트 저장소의 [모두] 카테고리에서 Button5 스프라이트를 선택한다.
- 스프라이트 이름을 "지우개"로 변경한다.

❹ 펜굵기 변수 추가

- 변수 블록에서 변수 만들기를 클릭하여 "펜굵기" 변수를 만든다.
- 펜굵기 변수가 생성되면 체크박스를 선택하여 무대에 변수명이 나타나도록 한다.
- 무대 위에 있는 변수명에서 마우스 오른쪽 버튼을 클릭하여 [슬라이더 사용하기]를 선택하고 [change slider range]를 선택하여 최소값은 1, 최대값은 10으로 설정한다.

Pencil 스프라이트 선택하기

❶ 물감 스프라이트를 클릭하면 펜 색상 바꾸기

- 깃발을 클릭했을 때 물감 팔레트의 어떤 색상을 선택했는지 알아내기 위해 다음 두 가지 조건을 검사한다. 물감 스프라이트에 닿았는지와 마우스가 클릭 되었는지를 확인하고, 선택된 색상으로 펜 색깔을 변경한다.

❷ 마우스로 그림 그리기

- 깃발을 클릭했을 때 이전에 그려진 그림을 모두 지우고 펜을 올린다.

- Pencil이 물감 팔레트보다 앞쪽에 위치하도록 순서를 맨 앞쪽으로 바꾼다.

- Pencil이 마우스를 따라 움직이게 하려면 [마우스 포인터 이동하기]를 무한 반복한다.

- 사용자가 마우스를 클릭했을 때 펜을 내리고 펜굵기를 설정하고, 마우스를 클릭하지 않았으면 펜을 올려 무대에 그림이 그려지지 않도록 한다. 마우스는 사용자가 언제 클릭할지 모르기 때문에 무한 반복하여 마우스가 클릭 되었는지를 항상 감지해야 한다.

STEP 3 지우개 스프라이트 선택하기

❶ 모두 지우기
- 지우개 스프라이트를 클릭하면 모든 화면을 지운다.

응용문제 ❶ 대칭 그림 그리기

내가 그리는 대로 선 반대쪽에도 똑같이 그림이 그려지는 코드를 작성해보자.

동작과정
- 마우스를 클릭했을 때 그림이 그려지도록 한다.
- 대칭되는 반대편에도 같이 자동으로 그려지도록 한다.
- 실행 결과는 반드시 전체화면으로 변경하고 실습한다.

생각하기
- 먼저 스크래치의 화면 좌표값을 확인해본 후, 여러분이 그려보고 싶은 대칭 그림을 그려본다. 대칭은 축을 중심으로 양쪽의 모양이 같은 것을 말한다.

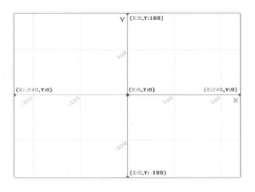

- 대칭으로 그림이 그려지는 원리를 생각해본다. x 좌표가 같은가? y 좌표가 같은가?

- 반대편의 x 좌표는 스크래치를 이용하여 어떻게 계산할 것인가?
- 대칭 그림을 그리기 위해서는 축을 중심으로 왼쪽에 그리는 펜과 반대편에 그리는 펜이 필요하다.

스프라이트	세부동작

Pencil	**깃발을 클릭했을 때**
	■ 모두 지우기
	■ 펜 굵기를 3으로 정하기
	■ 펜 색깔을 ■로 정하기
	■ 무한 반복하기
	  ▶ 마우스 포인터로 이동하기
	  ▶ 만약 마우스를 클릭했는가? 라면
	    • 펜 내리기
	  ▶ 아니면
	    • 펜 올리기

Pencil2	**깃발을 클릭했을 때**
	■ 숨기기
	■ 펜 굵기를 3으로 정하기
	■ 펜 색깔을 ■로 정하기
	■ 무한 반복하기
	  ▶ x: (마우스의 x좌표 × -1) y: (마우스의 y좌표)로 이동하기
	  ▶ 만약 마우스를 클릭했는가?라면
	    • 펜 내리기
	  ▶ 아니면
	    • 펜 올리기

동작 인식

컴퓨터와 사용자 간의 상호작용하는 것을 인터랙션(Interaction)이라고 한다. 사용자는 컴퓨터에 데이터를 입력하거나 반응하기 위해 키보드와 마우스를 이용하기도 하며, 요즘은 음성인식과 동작 인식을 통해서도 상호작용을 한다. 스크래치에서도 동작을 인식하기 위한 방법으로 표 10-2와 같이 비디오 감지 블록을 제공한다.

표 10-2 비디오 감지 블록의 유형

블록 형태	설명
비디오 동작 > 10 일 때	비디오에 감지되는 동작이 일정 크기 이상일 때 스크립트를 실행한다. 숫자가 클수록 동작을 크게 해야 반응한다. 이 블록은 [스프라이트에 작성하면] 스프라이트의 영역 내에서 발생하는 동작에 대해서 처리하고 [무대에 작성하면] 무대 전체에서 발생하는 동작에 대해 처리한다.
비디오 동작 ▾ 에 대한 스프라이트 ▾ 애서의 관찰값 / 동작 / 방향	[스프라이트]나 [무대]에서 비디오의 [동작]이나 [방향]을 감지한 관찰값을 나타낸다. **[방향] 관찰값** ■ 손이 왼쪽에서 오른쪽으로 이동하면 양수값을 나타내며, 왼쪽에서 오른쪽으로 이동하면 음수값으로 나타낸다. **[동작] 관찰값** ■ 움직임이 클수록 값이 커진다.
비디오 켜기 ▾	비디오를 끄거나 켤 수 있으며, 또는 뒤집힌 상태로 켜기를 이용하여 좌우 반전을 바꿀 수 있다.
비디오 투명도를 50 (으)로 정하기	입력된 값으로 비디오 투명도를 조절한다. 입력값은 0~100으로 숫자가 클수록 투명해진다.

10.4 비디오 감지 블록 익히기

고양이 만지면 인사하고 걸어가기

고양이는 사용자가 움직일 때마다 동작을 감지하여 안녕을 말하고, 색깔과 모양을 바꾸며 앞으로 걸어가도록 하자.

※ 고양이 스프라이트 영역 내에서 움직여보고, 무대 영역에서 움직여보며 움직임을 어느 영역에서 감지하는지 생각해보며 테스트해본다.

※ 웹캠(카메라)이 없는 경우 PC에서 코드를 작성한 후, 스마트폰을 이용하여 스크래치 사이트에 접속하여 실습한 소스코드를 불러와 테스트해본다.

손으로 벌레 잡기

무당벌레가 화면을 돌아다니면, 스프라이트에서 비디오 동작 관찰값이 50보다 크면 "악"을 외치고 사라지도록 하자.

※ 관찰값의 수치를 변경해보며 테스트해본다.

▶ 스프라이트: Ladybug2

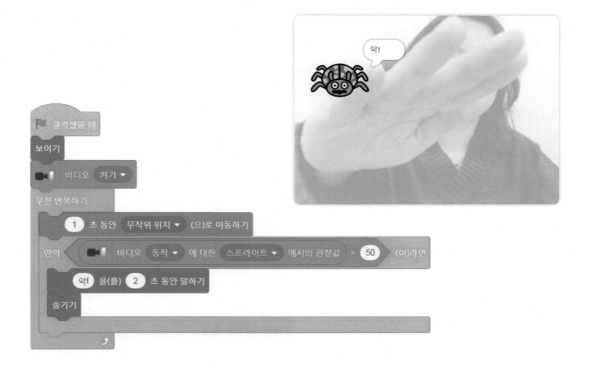

10.5 비디오 감지 블록을 활용한 동작 인식 프로그래밍

실습문제 3 그릇에 과일 담기

사용자가 신체(손, 머리 등)를 움직여 과일을 그릇에 담아보도록 하자.

동작과정

- 딸기, 사과, 바나나는 사용자가 움직이는 방향으로 따라다니도록 한다.
- 과일이 그릇에 닿으면 "담기 완료"라고 말하고 이 스크립트를 멈춘다.

스프라이트	세부동작

사과
🍓
Strawberry
	깃발을 클릭했을 때
	■ x: 160 y: −120(으)로 이동하기
	■ 무한 반복하기
	▶ 만약 [비디오 동작에 대한 스프라이트에서의 관찰값]이 40보다 크다면
	  • [비디오 방향에 대한 스프라이트에서의 관찰값]도 방향 보기
	  • 10만큼 움직이기
	  • 벽에 닿으면 튕기기
	▶ 만약 ■색에 닿았는가? 라면
	  • "담기 성공"을(를) 2초 동안 말하기
	  • 이 스크립트를 멈추기

그릇 🥣 Bowl	**깃발을 클릭했을 때** ■ 크기를 300%로 정하기 ■ x: −135 y: −110(으)로 이동하기

스프라이트	세부동작
바나나  Bananas	**깃발을 클릭했을 때** ■ x: −180 y: 90(으)로 이동하기 ■ 무한 반복하기 기능은 사과와 동일함
딸기 Apple	**깃발을 클릭했을 때** ■ x: 190 y: −130(으)로 이동하기 ■ 무한 반복하기 기능은 사과와 동일함
배경	■ Blue Sky

STEP 1 스프라이트 선택하기

❶ Apple 스프라이트 선택

- 스프라이트 저장소의 [음식] 카테고리에서 Apple 스프라이트를 선택한다.

❷ Bowl 스프라이트 선택

- 스프라이트 저장소의 [음식] 카테고리에서 Bowl 스프라이트를 선택한다.

❸ Bananas 스프라이트 선택

- 스프라이트 저장소의 [음식] 카테고리에서 Bananas 스프라이트를 선택한다.

❹ Strawberry 스프라이트 선택

- 스프라이트 저장소의 [음식] 카테고리에서 Strawberry 스프라이트를 선택한다.

STEP 2 Bowl 스프라이트 선택하기

❶ Bowl 시작 위치 지정

- 깃발을 클릭했을 때 Bowl의 크기와 시작 위치를 x, y좌표로 지정한다.

클릭했을 때
크기를 300 %로 정하기
x: -135 y: -110 (으)로 이동하기

STEP 3 Apple 스프라이트 선택하기

❶ Apple 시작 위치 지정

- 깃발을 클릭했을 때 Apple의 시작 위치를 x, y좌표로 지정한다.

❷ 동작 감지하여 Apple 움직이기

- Apple 스프라이트에서는 동작을 감지하여 사용자가 움직이는 방향으로 스프라이트를 이동한다.
- Apple이 움직이다가 Bowl 스프라이트의 입구에 닿으면 "담기 성공"이라고 말하고 Apple 스프라트이는 더이상 동작하지 않는다.

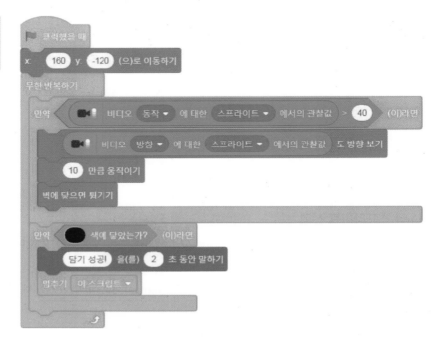

STEP 4 **Bananas 스프라이트 선택하기**

❶ Bananas 시작 위치 지정

- 깃발을 클릭했을 때 Bananas의 시작 위치를 x, y좌표로 지정한다.

❷ 동작 감지하여 Bananas 움직이기

- Step 3의 ❷번의 동작과정과 같으므로 무한 반복 코드를 복사하여 x,y로 이동하기 아래에 붙여넣는다.

STEP 5   Strawberry 스프라이트 선택하기

❶ Strawberry 시작 위치 지정

- 깃발을 클릭했을 때 Strawberry의 시작 위치를 x, y좌표로 지정한다.

❷ 동작 감지하여 Strawberry 움직이기

- Step 3의 ❷번의 동작과정과 같으므로 무한 반복 코드를 복사하여 x,y로 이동하기 아래에 붙여넣는다.

응용문제 ❷ 댄스 대회

비디오 감지 블록을 이용하여 댄서를 춤추게 한다. 30초 동안 어느 댄서가 더 많이 움직이는 알 아보자.

동작과정

- 무대에서 배경음악(Drum Satellite)이 나오도록 한다.
- 댄서는 비디오 감지 블록을 이용하여 움직이도록 한다.
- 30초 동안 많이 움직이는 댄서가 승리 한다.
- 두 명이 같이 춤을 추며 테스트해본다.

스프라이트	세부동작

남자댄서
 	
 Champ99
	깃발을 클릭했을 때
	 ■ x: −126 y: −15로 이동하기
	 ■ 남자댄서점수를 0으로 정하기
	 ■ 무한 반복하기
	   ▷ 남자댄서점수 말하기
	   ▷ 만약 [비디오 동작에 대한 스프라이트에서의 관찰값]이 40보다 크다면
	     • 다음 모양으로 바꾸기
	     • 여자댄서점수를 1만큼 바꾸기
	     • 0.2초 기다리기

스프라이트	세부동작

여자댄서
 	
Cassy Dance
	깃발을 클릭했을 때
	
	■ x: 145 y: −15로 이동하기
	■ 여자댄서점수를 0으로 정하기
	■ 무한 반복하기
	  ▶ 여자댄서점수 말하기
	  ▶ 만약 [비디오 동작에 대한 스프라이트에서의 관찰값]이 40보다 크다면
	    ● 다음 모양으로 바꾸기
	    ● 여자댄서점수를 1만큼 바꾸기
	    ● 0.2초 기다리기

배경	**깃발을 클릭했을 때**
	
	■ 시간을 0으로 정하기
	■ 무한 반복하기
	  ▶ 시간을 1만큼 바꾸기
	  ▶ 1초 기다리기
	  ▶ 만약 시간이 30초보다 크다면
	    ● 모두 멈추기
	
	깃발을 클릭했을 때
	
	■ 무한 반복하기
	  ▶ Drum Satellite를 끝까지 재생하기

변수	■ 여자댄서점수: 여자댄서가 움직일때마다 1점씩 증가 ■ 남자댄서점수: 남자댄서가 움직일때마다 1점씩 증가 ■ 시간: 시간을 체크하기 위한 변수
배경	■ Concert

음성 안내와 번역

텍스트 음성 변환 블록은 글자를 음성으로 읽어주고 음성의 높낮이도 설정할 수 있다. 번역기능은 구글에서 제공해주는 서비스로 다양한 나라 언어로 번역해준다.

표 10-3 텍스트 음성 변환(Text to Speech) 블록의 유형

블록 형태	설명
안녕 말하기	사용자가 입력한 문구를 음성으로 말해준다.
음성을 중고음 ▼ 로 정하기	음성의 음의 높낮이를 설정한다.
언어를 한국어 ▼ 로 정하기	언어를 선택한다. 단, 설정된 언어로 말하는 것이 아니라 발음을 설정된 언어의 톤으로 말한다.

표 10-4 번역 블록의 유형

블록 형태	설명
안녕 을(를) 덴마크어 ▼ 로 번역하기	입력된 값을 선택한 언어로 번역한다.
언어	스크래치 인터페이스에서 선택한 언어 정보를 알려준다.

10.**6** 텍스트 음성 변환과 번역 블록 익히기

한국어를 영어로 번역하기

깃발을 누르면 영어로 번역할 문장을 입력받고, 엔터를 누르면 영어로 번역해준 문구를 말하고 번역한 결과를 음성으로 읽어주도록 하자.

▶ 스프라이트: Dani

▶ 배경: Light

나라별 언어로 번역하여 말하기

독일인, 미국인, 아랍인 순서대로 있다. 각 나라별 사람을 클릭하면 "사랑해요"를 각 나라 언어로 번역하고 음성으로 안내하도록 하자.

▶ 스프라이트: Characters 2, Characters 2(10번째 모양), LB Dance

▶ 배경: Boardwalk

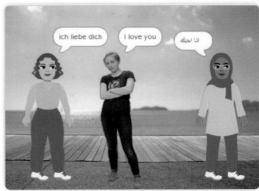

10.7 음성 안내와 번역을 활용한 프로그래밍

실습문제 4 원하는 언어로 번역하기

번역할 문구를 입력받아 일본어와 영어 중 선택한 언어로 번역하도록 하자.

동작과정

- 깃발을 클릭하면 나노(Nano) 캐릭터는 "번역할 언어를 선택해주세요"라고 말하고, 음성으로 안내한다.

- 영어 버튼을 누르면 영어로 번역해주고, 일본어 버튼을 누르면 일본어로 번역해준다.

스프라이트	세부동작
나노 Nano	**깃발을 클릭했을 때** ■ 언어를 한국어로 정하기 ■ 음성을 중고음으로 정하기 ■ "번역할 언어를 선택해주세요" 말하기 ■ "번역할 언어를 선택해주세요" 음성으로 말하기 **번역하기 신호를 받았을 때** ■ "번역할 문장을 입력해줘" 라고 묻고 기다리기 ■ 언어를 언어로 정하기 ■ 대답을 언어로 번역하고 말하기 ■ 대답을 언어로 번역하고 음성으로 말하기

스프라이트	세부동작
영어 버튼 영어 Button2	■ **이 스프라이트를 클릭했을 때** ▷ 언어를 영어로 정하기 ▷ 번역하기 신호 보내기
일본어 버튼 일본어 Button3	■ **이 스프라이트를 클릭했을 때** ▷ 언어를 일본어로 정하기 ▷ 번역하기 신호 보내기
변수	■ 언어: 사용자가 선택한 언어 종류를 저장하는 변수
배경	■ Hearts

STEP 1 배경과 스프라이트 선택하기

❶ **배경 선택**

  • 배경 저장소의 [패턴] 카테고리에서 "Hearts"를 선택한다.

❷ **Nano 스프라이트 선택**

  • 스프라이트 저장소의 [판타지] 카테고리에서 "Nano"를 선택한다.

❸ **영어 버튼 스프라이트 선택**

  • 스프라이트 저장소의 [모두] 카테고리에서 "Button2"를 선택한다.

  • 스프라이트 이름을 "영어 버튼"으로 변경한다.

❹ **일본어 버튼 스프라이트 선택**

  • 스프라이트 저장소의 [모두] 카테고리에서 "Button2"를 선택한다.

  • 스프라이트 이름을 "일본어 버튼"으로 변경한다.

STEP 2 Nono 스프라이트 선택하기

❶ **언어와 음성 환경 설정하고 안내하기**

  • 깃발을 클릭했을 때 언어는 한국어로, 음성은 중고음으로 정한다.

  • Nono는 "번역할 언어를 선택해주세요" 말풍선으로 말하고 음성으로 안내한다.

❷ **번역하기**

  • 번역할 문장을 입력받아 사용자가 선택한 언어로 번역하여 말하고 음성으로 안내한다.

STEP 3 영어 버튼 스프라이트 선택하기

❶ 언어 선택하고 번역 신호 보내기

- 영어 버튼을 클릭하면 언어를 영어로 정하고 번역하기 신호를 보낸다.

STEP 4 일본어 버튼 스프라이트 선택하기

❶ 언어 선택하고 번역 신호 보내기

- 일본어 버튼을 클릭하면 언어를 일본어로 정하고 번역하기 신호를 보낸다.

응용문제 3 영어로 동물 이름 학습하기

동물 이미지가 나오면서 영어단어와 발음을 알려주도록 하자.

동작과정

- 깃발을 클릭하면 시작 버튼이 나오고, "영어로 동물 이름 학습하기"라고 나온다.
- 시작 버튼을 누르면 곰-해파리-고슴도치-부엉이-토끼 스프라이트가 다음 버튼 누를 때마다 순서대로 나오며 해당 동물의 영어단어와 발음이 나온다.
- 마지막 토끼 스프라이트가 나오고 다음 버튼을 누르면 처음의 곰으로 다시 돌아온다.

스프라이트	세부동작

Button2
 	
	■ Button2스프라이트 추가하기
	  ▶ [모양]탭에서 "시작" 글자를 입력하기
	  ▶ 모양 이름을 "시작버튼"으로 바꾸기
	  ▶ "시작버튼" 복사하기
	  ▶ [모양]탭에서 "다음"글자를 입력하기
	  ▶ 모양 이름을 "다음버튼"으로 바꾸기
	
	깃발을 클릭했을 때
	■ 보이기
	■ 변수 순서를 0으로 정하기
	■ 언어를 영어로 정하기
	■ 모양을 시작버튼으로 바꾸기
	
	이 스프라이트를 클릭했을 때
	■ 순서를 1만큼 바꾸기
	■ 모양을 다음버튼으로 바꾸기
	■ 만약 순서가 1과 같다면
	  ▶ 곰 신호 보내기
	■ 만약 순서가 2와 같다면
	  ▶ 해파리 신호 보내기
	■ 만약 순서가 3과 같다면
	  ▶ 고슴도치 신호 보내기
	■ 만약 순서가 4와 같다면
	  ▶ 부엉이 신호 보내기
	■ 만약 순서가 5와 같다면
	  ▶ 토끼 신호 보내기
	■ 만약 순서가 6과 같다면
	  ▶ 순서를 1로 정하기
	  ▶ 곰 신호 보내기

스프라이트	세부동작
곰 Bear	**깃발을 클릭했을 때** ■ 숨기기 **곰 신호를 받았을 때** ■ 보이기 ■ 동물이름 리스트의 [순서] 번째 항목을 영어로 번역하여 말하기 ■ 동물이름 리스트의 [순서] 번째 항목을 영어로 번역하여 음성으로 말하기 **곰 신호를 받았을 때** ■ 무한 반복하기 ▷ 만약 순서가 1이 아니면 • 숨기기
해파리 Jellyfish	**깃발을 클릭했을 때** ■ 숨기기 **해파리 신호를 받았을 때** ■ 보이기 ■ 동물이름 리스트의 [순서] 번째 항목을 영어로 번역하여 말하기 ■ 동물이름 리스트의 [순서] 번째 항목을 영어로 번역하여 음성으로 말하기 **해파리 신호를 받았을 때** ■ 무한 반복하기 ▷ 만약 순서가 2가 아니면 • 숨기기
고슴도치 Hedgehog	**깃발을 클릭했을 때** ■ 숨기기 **고슴도치 신호를 받았을 때** ■ 보이기 ■ 동물이름 리스트의 [순서] 번째 항목을 영어로 번역하여 말하기 ■ 동물이름 리스트의 [순서] 번째 항목을 영어로 번역하여 음성으로 말하기 **고슴도치 신호를 받았을 때** ■ 무한 반복하기 ▷ 만약 순서가 3이 아니면 • 숨기기
부엉이 Owl	**깃발을 클릭했을 때** ■ 숨기기 **부엉이 신호를 받았을 때** ■ 보이기 ■ 동물이름 리스트의 [순서] 번째 항목을 영어로 번역하여 말하기

스프라이트	세부동작

	■ 동물이름 리스트의 (순서) 번째 항목을 영어로 번역하여 음성으로 말하기
	
	부엉이 신호를 받았을 때
	■ 무한 반복하기
	  ▶ 만약 순서가 4가 아니면
	    ● 숨기기

토끼
 	
Rabbit
	깃발을 클릭했을 때
	■ 숨기기
	
	토끼 신호를 받았을 때
	■ 보이기
	■ 동물이름 리스트의 (순서) 번째 항목을 영어로 번역하여 말하기
	■ 동물이름 리스트의 (순서) 번째 항목을 영어로 번역하여 음성으로 말하기
	
	토끼 신호를 받았을 때
	■ 무한 반복하기
	  ▶ 만약 순서가 5가 아니면
	    ● 숨기기

스프라이...	■ 새로운 스프라이트 만들기 ▶ [스프트라이트 고르기]-[그리기] 기능을 이용하여 "영어로 동물 이름 학습하기" 글자를 입력한다. **깃발을 클릭했을 때** ■ 보이기 **곰 신호를 받았을 때** ■ 숨기기
변수	■ 순서: 영어단어 순서를 정하는 변수
리스트	■ 동물이름: 동물이름이 나올 순서대로 리스트에 저장 동물이름 1 곰 2 해파리 3 복어 4 부엉이 5 토끼 + 길이 5 =
배경	■ Stripes

1. 다음 블록 조건을 만족하는 경우는 언제인가?

   ❶ 무대에서 손을 오른쪽에서 왼쪽으로 움직일 때
   ❷ 스프라이트에서 손을 오른쪽에서 왼쪽으로 움직일 때
   ❸ 무대에서 손을 왼쪽에서 오른쪽으로 움직일 때
   ❹ 스프라이트에서 손을 왼쪽에서 오른쪽으로 움직일 때

2. 다음 스크립트를 실행했을 때의 결과는?

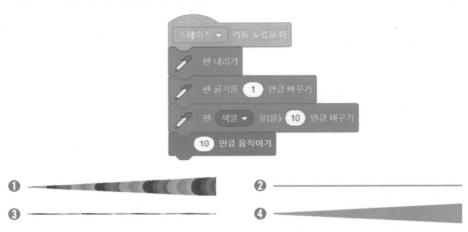

3. 다음과 같은 실행 결과가 나오도록 다음 빈칸을 완성하시오.

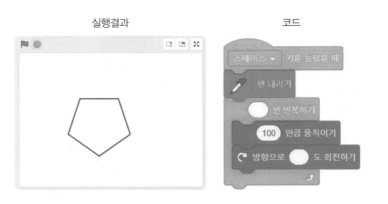

실행결과   코드

4. 다음 실행결과에 대한 설명으로 옳은 것은?

❶ 안녕을 영어로 번역하고 일본어 톤으로 말한다.

❷ 안녕을 일본어로 번역하고 일본어 톤으로 말한다.

❸ 아무 소리도 나지 않는다.

❹ 안녕을 일본어로 번역하고 영어 톤으로 말한다.

5. 펜 스프라이트를 클릭하면 왼쪽 그림과 같은 사각형을 그리려고 한다. 코드를 작성하고 실행한 결과 오른쪽과 그림과 같은 실행결과가 나타났다. 왼쪽 사각형과 같이 나타나게 하려면 펜 내리기 블록 위에 어떤 블록을 추가해야 할까?

왼쪽 사각형	코드	실행결과

6. 현재 펜의 굵기가 '10'이라고 했을 때 'a'키를 두 번 클릭했을 때의 펜의 굵기와 'b'키를 두 번 클릭했을 때의 펜의 굵기를 입력하시오.

❶ a 키를 두번 클릭했을 때의 펜 굵기
❷ b 키를 두번 클릭했을 때의 펜 굵기

프로시저

학습목표

1. 프로시저의 개념을 이해할 수 있다.
2. 스크래치의 나만의 블록을 이용하여 프로시저를 만들고 호출할 수 있다.
3. 프로시저를 활용하여 중복되는 코드를 줄이고 분해하는 방법을 적용할 수 있다.
4. 동시에 처리할 수 있는 병렬 처리 개념을 이해할 수 있다.

학습목차

프로시저의 개념

프로시저를 만드는 나만의 블록

11.1 나만의 블록 익히기

11.2 프로시저를 활용한 프로그래밍

동시에 실행하는 병렬 처리

11.3 병렬 처리 개념 익히기

11.4 병렬 처리 프로그래밍

프로시저의 개념

프로시저는 특정한 기능을 수행하는 코드들의 묶음이다. 프로그램을 작성하다보면 내용에 따라 코드가 점점 커지고 복잡해지기도 한다. 이와 같은 경우 프로그램을 이해하기 쉽고, 관리하기 쉽도록 하기 위해서는 분해할 필요가 있다. 스크래치에는 코드를 단순화하고 분해하기 위한 방법으로 프로시저를 지원한다. 프로시저는 우리가 일반적으로 함수라고도 부르며 반복적으로 사용하는 코드를 따로 분리시켜 놓거나 코드가 길어져 코드 내용을 기능별로 분리하고자 하는 경우에 사용된다. 아래 도형 그리기를 프로시저를 이용하는 방법과 그렇지 않은 경우를 비교해 보며 프로시저를 왜 사용하는지를 알아보도록 하자.

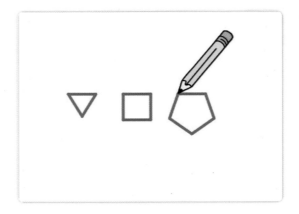

위 도형을 그리기 위해서는 크게 3가지 기능이 필요하다.

- **펜 설정하기**: 펜 색상, 펜 굵기, 펜 올리기, 모두 지우기, 오른쪽 방향 바라보기
- **도형 그리기**: 삼각형, 사각형, 오각형 그리기
- **이동하기**: 오른쪽으로 100만큼 이동하기

다음은 프로시저를 사용하지 않고 앞의 세 가지 기능을 작성한 코드이다.

프로시저를 사용하지 않는 경우

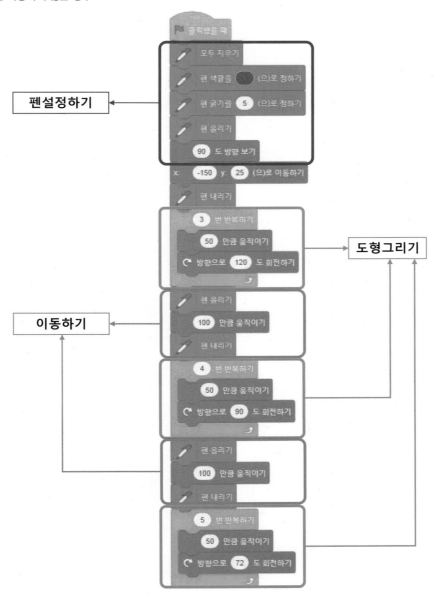

[도형 그리기]나 [이동하기]는 동일한 코드가 중복 사용되고 있음을 알 수 있다. 이와 같이 공통적으로 사용되는 코드는 프로시저로 정의하고 호출하여 사용할 수 있다. 또한 코드가 길어지는 경우에도 단순화하기 위해 기능별로 프로시저로 분리할 수 있다.

다음은 프로시저를 이용하여 도형을 그려본 코드이다.

프로시저	설명
펜설정하기 정의하기	펜 정보 초기화
도형모양 각형 도형그리기 정의하기	입력값에 따라 다양한 도형 그리기
이동하기 정의하기	도형을 그릴 위치로 이동하기

프로시저를 사용한 경우

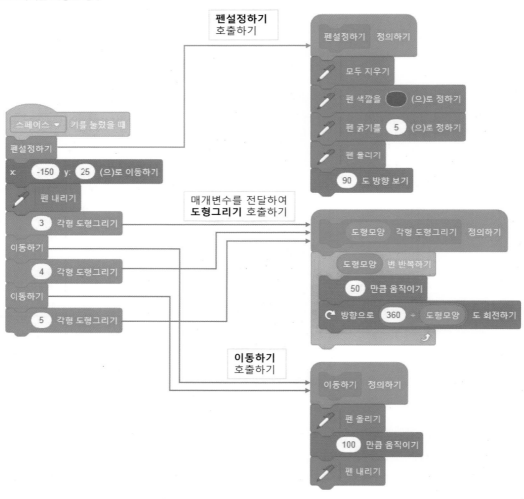

이와 같이 공통된 코드를 프로시저로 정의하고 필요할 때마다 호출해 사용하면 프로그램을 중복 작성해야 하는 번거로움을 줄여준다. 또한 코드를 수정하는 경우에도 해당 프로시저만 변경하면 되므로 유지보수가 편리한 장점이 있다.

프로시저의 동작원리는 다음 그림과 같다. 먼저 프로시저가 호출되면 프로시저 실행이 완료될 때까지 기다린다. 호출한 프로시저의 실행이 완료되면 호출했던 지점 이후의 블록들을 이어서 실행한다.

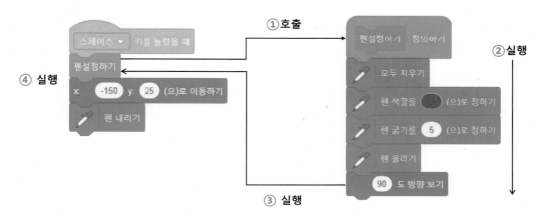

프로시저를 만드는 나만의 블록

프로시저를 구현하기 위해서는 나만의 블록을 이용한다. [나만의 블록]-[블록 만들기] 버튼을 클릭하면 프로시저의 이름과 매개변수를 정의할 수 있다. 매개변수는 프로시저에서 전달받는 값이며 인수는 프로시저를 호출할 때 넘겨주는 값을 말한다.

표 11-1 나만의 블록

블록 형태	설명
나만의 블록 **블록 만들기** 나만의 블록	나만의 블록은 따로 블록들이 있는 것이 아니라 [블록 만들기]를 이용하여 사용자가 원하는 블록을 만들어 사용할 수 있다.

블록이름
- 만들고 싶은 프로시저 이름을 정의하며, 프로시저가 하는 일을 잘 나타낼 수 있는 이름으로 정한다.

입력값 추가하기(숫자 또는 문자열)
- 프로시저에서 입력받을 숫자 또는 문자열 형태의 변수를 추가한다.

입력값 추가하기(논리값)
- 프로시저에서 입력받을 조건식을 추가한다.

라벨 넣기
프로시저의 설명을 추가한다.
- 휴지통 모양을 누르면 입력된 것을 삭제할 수 있다.

이와 같이 생성된 나만의 블록은 필요한 블록들을 조립하여 기능을 정의하고 호출하여 사용한다. 정의된 나만의 블록은 작성한 해당 스프라이트에서만 사용할 수 있다.

11.1

나만의 블록 익히기

소개하기

자기 소개하는 인사말을 나만의 블록으로 작성하고 호출해보도록 하자.

1. 블록 이름을 "소개하기"로 정의하고 확인을 누른다.

2. "소개하기" 정의하기에 인사말을 추가한다.

3. 생성된 [소개하기] 블록을 깃발을 클릭했을 때 호출하도록 한다.

이름과 나이를 입력받아 소개하기

사용자로부터 이름과 나이를 입력받아 자기를 소개하는 나만의 블록을 정의하고 호출하여 사용해보자.

- [라벨 넣기]와 [입력값 추가하기]를 클릭하여 나만의 블록을 정의한다.

관람 나이 체크하기

나이를 입력받아 15세 이상 관람여부를 체크하는 나만의 블록을 만들고 호출해보자.

사각형 그리기

길이가 100인 사각형을 그리는 나만의 블록을 작성하고 호출해보자.

원하는 길이의 사각형 그리기

사각형 길이를 매개변수로 받아 사각형을 그리는 나만의 블록을 작성하고 호출해보자.

길이가 70인 경우

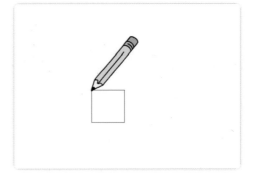

길이가 50인 경우

11.2 프로시저를 활용한 프로그래밍

실습문제 1 무대 중앙에 꽃 그리기

원 그리기를 이용해 꽃 모양을 그려보자. 펜 정보와 원 그리기는 나만의 블록으로 작성하고 호출하여 사용해본다.

프로시저	기능설명
펜 초기화 정의하기	모두 지우기, 펜 굵기, 펜 색깔, 펜 올리기
원 그리기 정의하기	10만큼씩 10도 회전하기를 36번 반복하며 원 그리기

스프라이트	세부동작
Ball Ball	**깃발을 클릭했을 때** ■ <나만의 블록 호출> 펜 초기화 ■ x: 0, y: 0으로 이동하기 ■ 다음을 10번 반복하기 　▶ <나만의 블록 호출> 원 그리기 　▶ 시계방향으로 36도 회전하기 **나만의 블록** 펜 초기화 정의하기 ■ 모두 지우기 ■ 펜 올리기 ■ 펜 굵기를 3으로 정하기 ■ 펜 색깔을 ■로 정하기

스프라이트	세부동작

	나만의 블록 원 그리기 정의하기
	■ 다음을 36번 반복하기
	   ▶ 10만큼 움직이기
	   ▶ 시계방향으로 10도 회전하기

STEP 1 스프라이트 선택하기

❶ Ball 스프라이트 선택

- 스프라이트 저장소의 [모두] 카테고리에서 Ball 스프라이트를 선택한다.

STEP 2 Ball 스프라이트 선택하기

❶ 원 그리기 프로시저 정의하기

- [나만의 블록]-[블록 만들기] 기능을 이용하여 원을 그리기 기능을 정의한다.
- 원 그리기는 펜을 내리고 10만큼씩 움직이며 시계방향으로 10도씩 회전하기를 36번 반복한다(회전각도와 길이에 따라 원의 크기는 달라진다).

❷ 펜 초기화 프로시저 정의하기

- 기존의 그림을 모두 지우고 펜을 올린다.
- 펜 굵기는 3으로 정하고 그리고자 하는 꽃 색상을 펜 색깔로 정해준다.

❸ 프로시저 호출하기

- 깃발을 클릭했을 때 [펜 초기화] 프로시저를 호출하여 펜을 초기화하고 x, y좌표를 지정하여 꽃을 그리고자 하는 위치로 이동한다.
- 시계방향으로 36도씩 회전하며 [원 그리기] 프로시저를 10번 호출하여 꽃 모양을 완성한다.

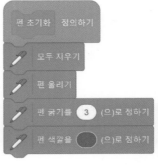

실습문제 ② 점프하여 바나나 먹기

원숭이가 지지대를 점프하며 바나나를 먹으러 가는 프로젝트를 만들어 보자. 원숭이는 키보드의 좌우 방향키를 이용해 왼쪽 오른쪽으로 움직일 수 있고 지지대 위에 있는 경우 스페이스바키를 누르면 점프할 수 있다.

프로시저	기능설명
점프하기 정의하기	원숭이가 지지대 위에 있고 스페이스키를 누르면 점프하기
성공실패메시지 출력문구 정의하기	게임 성공이나 실패 메시지를 2초 동안 말하고 모두 멈추기
x좌표 x좌표 y좌표 y좌표 에 점프지지대 만들기 정의하기	원하는 위치에 지지대 만들기

스프라이트/무대	동작과정
바나나 Bananas	**깃발을 클릭했을 때** ■ 크기를 70%로 정하기 ■ x: 180, y: 70으로 이동하기
원숭이 Monkey	**깃발을 클릭했을 때** ■ 크기를 40%로 정하기 ■ x: −182, y: −100으로 이동하기 ■ 회전 방식을 (왼쪽−오른쪽)으로 정하기 ■ 90도 방향 보기 ■ <나만의 블록 호출> 점프하기

스프라이트/무대	동작과정
	나만의 블록 점프하기 정의하기 ■ 무한 반복하기 　▷ 만약 스페이스 키를 누르고, ■색이 ■에 닿았는가? 라면 　　• 7번 반복하기 　　　• y좌표를 20만큼 바꾸기 **깃발을 클릭했을 때** ■ 무한 반복하기 　▷ 만약 오른쪽 화살표 키를 눌렀는가? 라면 　　• x좌표를 2만큼 바꾸기 　▷ 만약 왼쪽 화살표 키를 눌렀는가? 라면 　　• x좌표를 −2만큼 바꾸기 　▷ 만약 ■색이 ■에 닿았는가? 아니면 　　• y좌표를 −2만큼 바꾸기 　▷ 만약 ■에 닿았는가? 라면 　　• <나만의 블록 호출> 성공실패메시지 (으~악~~~) 　▷ 만약 Bananas에 닿았는가? 라면 　　• <나만의 블록 호출> 성공실패메시지 (성공!!) **나만의 블록 성공실패메시지 (출력문구) 정의하기** ■ (출력문구)를 2초 동안 말하기 ■ 모두 멈추기
  지지대	**깃발을 클릭했을 때** ■ 크기를 45%로 정하기 ■ <나만의 블록 호출>x좌표: −180 y좌표:−140에 점프지지대 만들기 ■ <나만의 블록 호출>x좌표: −90 y좌표:−70에 점프지지대 만들기 ■ <나만의 블록 호출>>x좌표: −50 y좌표:−90에 점프지지대 만들기 ■ x좌표: 113 y좌표:−12로 이동하기 **나만의 블록 x좌표: (x좌표) y좌표:(y좌표)에 점프지지대 만들기** ■ x: (x좌표) y:(y좌표)로 이동하기 ■ 도장찍기
바닥선 Line	**깃발을 클릭했을 때** ■ 크기를 40%로 정하기 ■ x: −182, y: −100으로 이동하기
무대	**깃발을 클릭했을 때** ■ 무한 반복하기 　▷ Xylo1 끝까지 재생하기
배경	Forest

배경과 스프라이트 선택하기

❶ 배경 선택

- 배경 고르기에서 "Forest"를 선택한다.

❷ 바나나 스프라이트 선택

- 스프라이트 저장소의 [음식] 카테고리에서 Bananas 스프라이트를 선택한다.
- 스프라이트 이름을 "바나나"로 변경한다.

❸ 원숭이 스프라이트 선택

- 스프라이트 저장소의 [동물] 카테고리에서 Monkey 스프라이트를 선택한다.

- [모양] 탭을 선택하고 원숭이의 발 부분만 [형태 고치기] 도구를 이용 하여 선택하고 발 색상을 파란색으 로 바꿔준다. 얼굴, 귀, 배, 발 부분 이 모두 살색이여서 발부분만 따로 감지하기가 어렵기 때문에 원숭이 발 부분만 다른 색상으로 변경해준 다. 이는 원숭이의 발이 지지대 위 에 있는지 체크하기 위해서다.
- 스프라이트 이름을 "원숭이"로 변 경한다.

❹ 지지대 스프라이트 선택

- 스프라이트 그리기를 선택하고 직 사각형 그리기 도구를 이용해 검정 색 지지대를 그려준다.
- 스프라이트 이름을 "지지대"로 변 경한다.

❺ 바닥선 스프라이트 선택

- 스프라이트 저장소의 [모두] 카테고리에서 Line 스프라이트를 선택한다.
- 스프라이트 이름을 "바닥선"으로 변경한다.

바나나 스프라이트 선택하기

❶ 바나나 크기와 위치 설정하기

• 깃발을 클릭했을 때 바나나 스프라이트의 크기를 70%로 설정하고, x, y좌표를 지정하여 위치를 설정한다.

원숭이 스프라이트 선택하기

❶ 원숭이 크기 설정하기

• 깃발을 클릭했을 때 원숭이 크기와 위치를 설정하고, 회전 방식을 왼쪽-오른쪽으로 정하고 원숭이가 오른쪽 방향을 바라본 후 점프하기를 호출한다.

❷ 점프하기 프로시저 정의하기

• [나만의 블록]-[블록 만들기]를 클릭하여 "점프하기"로 만든다.

• 점프하기는 원숭이가 지지대 위에 있을 때 스페이스 키를 누르면 위쪽으로 이동한다. 원숭이가 지지대 위에 있는지 확인하기 위해서 원숭이의 발이 지지대 검정색에 닿았는지 체크하고 스페이스 키를 눌렀는지를 감지한다.

• 위로 이동하기 위해 반복문을 이용하여 y좌표를 20만큼씩 7번 반복한다. 이때 반복문을 사용하지 않고 y좌표를 140만큼 바꾸기로 설정하면 원숭이가 140만큼 이동하는 동안 사용자가 입력한 키보드의 방향키를 감지할 수 없으므로 조금씩 이동하도록 하였다.

❸ 원숭이 움직임 제어하기

• 원숭이는 키보드의 오른쪽, 왼쪽 방향키에 따라 x좌표를 바꿔준다.

• 원숭이 발이 지지대에 닿지 않는 경우 y좌표를 −2만큼 바꿔 아래로 떨어지도록 한다.

• 원숭이는 바닥 빨간색에 닿으면 게임에 실패하고 출력하고자 하는 문구를 입력하여 나만의 블록 [성공실패메시지]를 호출한다.

• 원숭이는 바나나를 먹으면 게임에 성공하고 출력하고자 하는 문구를 입력하여 나만의 블록 [성공실패메시지]를 호출한다.

❹ 성공실패메시지 프로시저 정의하기

• [나만의 블록]-[블록 만들기]를 이용하여 성공실패메시지를 정의하고 (출력문구)를 매개변수로 설정한다. 성공실패메시지는 (출력문구)를 2초 동안 말하고 모두 멈춘다.

Monkey

점프하기 칭의하기

무한 반복하기

　만약　스페이스 ▼ 키를 눌렀는가?　그리고　⬤ 색이 ⬤ 색에 닿았는가?　(이)라면

　　　7 번 반복하기

　　y 좌표를 20 만큼 바꾸기

▶ 클릭했을 때

크기를 40 %로 정하기

x: -182 y: -100 (으)로 이동하기

회전 방식을 왼쪽-오른쪽 ▼ (으)로 정하기

90 도 방향 보기

점프하기

성공실패메시지 출력문구 정의하기

　출력문구 을(를) 2 초 동안 말하기

멈추기 모두 ▼

▶ 클릭했을 때

무한 반복하기

　만약　오른쪽 화살표 ▼ 키를 눌렀는가?　(이)라면

　　x 좌표를 2 만큼 바꾸기

　만약　왼쪽 화살표 ▼ 키를 눌렀는가?　(이)라면

　　x 좌표를 -2 만큼 바꾸기

　만약　⬤ 색이 ⬤ 색에 닿았는가? 이(가) 아니다 (이)라면

　　y 좌표를 -2 만큼 바꾸기

　만약　⬤ 색에 닿았는가? (이)라면

　　성공실패메시지 으~악~~~~

　만약　바나나 ▼ 에 닿았는가? (이)라면

　　성공실패메시지 성공!!!!

STEP 4　지지대 스프라이트 선택하기

❶ 점프 지지대 만들기 프로시저 정의하기

- [나만의 블록]-[블록 만들기]를 선택하여 지지대를 그릴 위치 (x좌표)와 (y좌표)를 매개변수로 받는 점프지지대를 정의한다.
- 점프지지대는 매개변수 값을 x, y좌표로 설정하고 도장을 찍는다.

❷ 점프하기 프로시저 호출하기

- 지지대의 크기를 정한다. 사용자가 그린 크기에 따라 비율을 조절한다.

- 지지대를 그리고자 하는 위치를 인수로 전달하여 점프지지대 만들기를 호출한다. 지지대 3개를 만들기 위해 3번 호출한다.
- 원본 지지대 스프라이트는 남아 있기 때문에 마지막 지지대 위치만 설정한다.

STEP 5 　바닥선 스프라이트 선택하기

❶ 바닥선 스프라이트 위치 지정하기
- 바닥선은 아래쪽에 위치하도록 x좌표 0, y좌표 −180으로 이동한다.

STEP 6 　무대 선택하기

❶ 배경음악 넣기
- Xylo1 소리를 무한 반복한다.

응용문제 1 사과 맞추기 게임

패들을 움직여서 공으로 사과를 맞추는 게임을 만들어보자.

동작과정

- 깃발을 클릭하면 색상이 다른 사과 3줄이 나온다. (1줄에 14개)
- 사용자는 키보드의 왼쪽 오른쪽 방향키를 이용하여 패들을 움직인다.
- 공은 패들에 맞거나 사과에 맞으면 반대방향으로 바꾼다.
- 공이 사과에 맞으면 점수는 1점씩 증가하고 맞은 공은 사라진다.
- 사과를 모두 맞추면 게임성공이고, 공이 빨간 바닥에 닿으면 게임실패이다.

프로시저 정의하기

프로시저	기능설명
사과 사과줄의개수 줄 복제하기 정의하기	사과를 원하는 줄 수만큼 복제하기
게임 성공실패 판단하기 정의하기	공이 바닥에 닿으면 실패, 사과를 모두 맞추면 성공
공 움직임 재어하기 정의하기	공은 움직이다 벽에 닿으면 팅기고 패들에 닿으면 반대방향으로 바꾸기
패들 키보드로 좌우 움직이기 정의하기	키보드 방향키로 패드 움직이기

스프라이트/무대	동작과정
사과 Apple	**나만의 블록** 사과 (사과줄의개수)줄 복제하기 정의하기 ■ 사과줄의개수 번 반복하기 　▷ 14번 반복하기 　　● 나 자신 복제하기 　　● x좌표를 33만큼 바꾸기 　▷ x: −220, y: (y 좌표 - 40)으로 이동하기 **깃발을 클릭했을 때** ■ 회전 방식을 왼쪽 오른쪽으로 정하기 ■ 크기를 50%로 정하기 ■ 숨기기 ■ x: −220, y: 160으로 이동하기 ■ <나만의 블록 호출> 사과 (3)줄 복제하기 **복제되었을 때** ■ 보이기 ■ 색깔 효과를 0부터 200사이의 난수로 정하기 ■ 무한 반복하기 　▷ 만약 Ball에 닿았는가? 　　● 점수를 1만큼 바꾸기 　　● 방향전환 신호 보내기 　　● 이 복제본 삭제하기
공 Ball	**나만의 블록** 공 움직임 제어하기 ■ 무한 반복하기 　▷ 10만큼 움직이기 　▷ 벽에 닿으면 튕기기 　▷ 만약 Paddle에 닿았는가? 라면 　　● (180 - 방향)도 방향 보기 **깃발을 클릭했을 때** ■ 점수를 0으로 정하기 ■ 배경을 Blue Sky 2로 바꾸기 ■ x: −2, y: −136으로 이동하기 ■ 30부터 60사이의 난수도 방향 보기 ■ 1.5초 기다리기 ■ <나만의 블록 호출> 공 움직임 제어하기 **나만의 블록** 게임 성공 실패 정의하기 ■ 무한 반복하기 　▷ 만약 ■에 닿았는가? 라면 　　● 배경을 [게임실패장면]으로 바꾸기 　　● 모두 멈추기 　▷ 만약 점수가 42와 같다면? 라면 　　● 배경을 [게임성공장면]으로 바꾸기 　　● 모두 멈추기

스프라이트/무대	동작과정
	깃발을 클릭했을 때 ■ <나만의 블록 호출> 게임 성공 실패 판단하기 **방향전환 신호를 받았을 때** ■ 180 - 방향 도 방향 보기

패들
 	
Paddle
	나만의 블록 패들 키보드로 좌우 움직이기
	
	■ 무한 반복하기
	  ▷ 만약 왼쪽 화살표 키를 눌렀는가? 라면
	    • x좌표를 −10만큼 바꾸기
	  ▷ 만약 오른쪽 화살표 키를 눌렀는가? 라면
	    • x좌표를 10만큼 바꾸기
	
	깃발을 클릭했을 때
	
	■ x: 0, y: −154로 이동하기
	■ <나만의 블록 호출> 패들 키보드로 좌우 움직이기

바닥선 Line	**깃발을 클릭했을 때** ■ x: 0, y: −180으로 이동하기
무대	**깃발을 클릭했을 때** ■ 무한 반복하기 ▷ Video Game 2 끝까지 재생하기
배경	Blue Sky 2 배경을 복사하여 "게임 성공!" 글자를 추가하고 모양이름은 "게임성공장면" 배경을 복사하여 "게임 실패!" 글자를 추가하고 모양이름은 "게임실패장면"

동시에 실행하는 병렬 처리

병렬 처리는 여러 가지 일을 동시에 처리한다는 뜻이다. 컴퓨터를 하는 경우 음악을 들으면서 인터넷도 하고 문서 작업을 동시에 한다. 즉, 한 번에 한 가지 일만 순서대로 처리하는 것이 아니라 동시에 처리되는 것을 컴퓨터에서는 다중작업, 멀티태스킹이라고 한다. 스크래치에서도 병렬 처리가 필요한 경우가 많이 있다. 예를 들어, 고양이가 계속 움직이면서 배경음악이 나오게 하거나, 합동연주 작품을 만들기 위해 스페이스 키를 눌렀을 때 트럼펫, 드럼, 기타를 동시에 연주하기 위해서는 병렬처리 개념을 적용해야 한다.

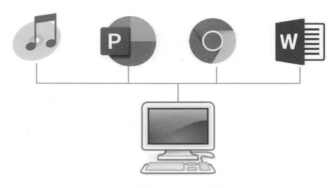

컴퓨터에서 멀티태스킹 작업

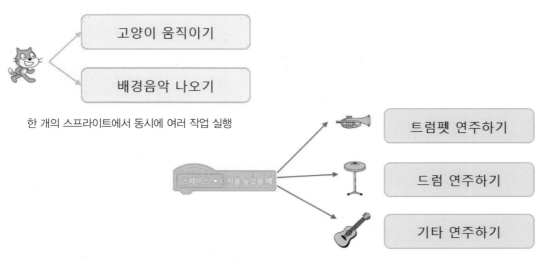

한 개의 스프라이트에서 동시에 여러 작업 실행

서로 다른 스프라이트에서 동시에 작업 실행

11.3 병렬 처리 개념 익히기

사자 움직이기

사자가 움직이면서 모양도 바꾸며 숲속을 거닐도록 하자. 사자의 병렬 처리 기능은 다음 그림과 같다.

11.4 병렬 처리 프로그래밍

실습문제 3 걷기 운동

소녀가 동네를 걷는 프로그램을 완성해보도록 하자.

동작과정

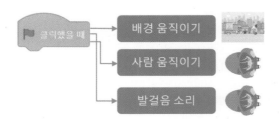

- 깃발을 클릭하면 사람은 제자리에서 움직이고, 발걸음 소리가 나온다.
- 깃발을 클릭하면 배경이 움직이도록 하기 위해 배경 이미지를 스프라이트로 만든다.

스프라이트/무대	동작과정
Tatiana	**깃발을 클릭했을 때** ■ 크기를 50%로 정하기 ■ 90도 방향 보기 ■ x: −80, y: −130로 이동하기 ■ 무한 반복하기 　▶ 다음 모양으로 바꾸기 　▶ 0.1초 기다리기 **깃발을 클릭했을 때** ■ 무한 반복하기 　▶ Footsteps 끝까지 재생하기
도시1	**깃발을 클릭했을 때** ■ x: 0, y: 0로 이동하기 ■ 맨 뒤쪽으로 순서 바꾸기 ■ 무한 반복하기 　▶ x좌표를 −464까지 반복하기 　　• x좌표를 −1만큼 바꾸기 　▶ x: 465, y: 0로 이동하기
도시2	**깃발을 클릭했을 때** ■ x: 465, y: 0로 이동하기 ■ 맨 뒤쪽으로 순서 바꾸기 ■ 무한 반복하기 　▶ x좌표를 −464까지 반복하기 　　• x좌표를 −1만큼 바꾸기 　▶ x: 465, y: 0로 이동하기

STEP 1　스프라이트 선택하기

❶ **Tatiana 스프라이트 선택**

- 스프라이트 저장소의 [사람들] 카테고리에서 Tatiana 스프라이트를 선택한다.

❷ **도시1 스프라이트**

- 배경 고르기에서 "Colorful City"를 선택한다.

- 배경 탭에서 Colorful City를 선택하고 마우스 오른쪽 버튼을 눌러 [내보내기]를 선택한다. 내보낸 이미지는 download 폴더안에 저장되어 있다.

- 다운이 완료되면 배경 탭에서 Colorful City는 삭제한다.

- 스프라이트 업로드하기를 선택하여 다운로드한 Colorful City 이미지를 가져온다.

- 스프라이트 이름을 "도시1"로 변경한다.

❸ 도시2 스프라이트

- 도시 1 스프라이트를 복사한 후, 스프라이트 이름을 "도시2"로 변경한다.

STEP 2   Tatiana 스프라이트 선택하기

❶ Tatiana 크기와 위치 설정하기

- 깃발을 클릭했을 때 크기를 50%로 설정하고, 오른쪽 방향을 바라본다.

- x, y좌표를 지정하여 위치를 설정한다.

❷ Tatiana 움직이기

- 모양을 0.1초마다 변경하여 움직이도록 한다.

❸ 걸음소리

- Footsteps 소리를 끝까지 재생하기를 무한 반복한다.

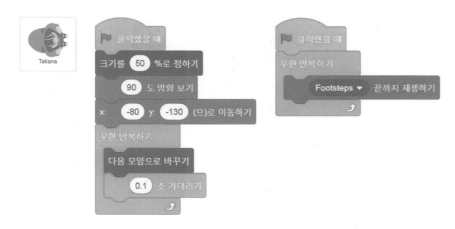

STEP 3   도시1 스프라이트 선택하기

❶ 도시1 크기와 순서 설정하기

- 깃발을 클릭했을 때 x:0 y:0으로 지정하여 무대 가운데에 위치하고 배경으로 사용하기 위해 맨 뒤쪽으로 순서를 변경한다.

❷ 도시 움직이기

- 도시가 계속 움직이도록 하기 위해서 x좌표가 −464보다 작을 때까지 x좌표를 −1씩 움직이면 왼쪽으로 움직이게 한다. 왼쪽으로 더 이상 갈 수 없으면 x좌표를 480으로 설정하여 오른쪽 바깥쪽 끝으로 다시 위치하도록 한다.

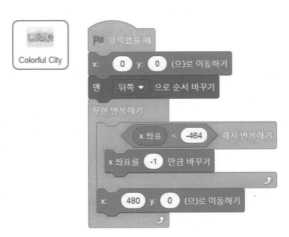

STEP 4 **도시2 스프라이트 선택하기**

❶ 도시2 시작 위치 설정하기

- 도시 1 블록을 복사하고 처음 시작위치 x좌표만 480으로 변경해준다.

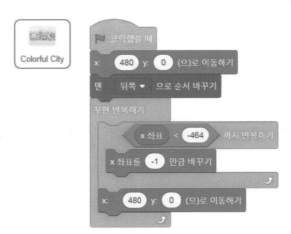

1. 다음 깃발을 클릭했을 때 다음 실행결과를 바르게 설명한 것은?

❶ 안녕을 2초간 말하고 야옹 소리가 계속 나온다.

❷ 야옹 소리만 계속 나온다.

❸ 안녕을 2초간 말하기와 야옹 소리가 동시에 나온다.

❹ 야옹 소리가 계속 나온 후 안녕을 2초간 말한다.

2. 인사하기 나만의 블록을 만든 후, 잘못 만들어 삭제하려고 한다. 인사하기 정의하기에서 마우스 오른쪽 버튼을 누른 후 [블록삭제하기]를 눌렀을 때 다음과 같은 오류메시지가 발생하며 나만의 블록이 삭제되지 않았다. 어떻게 하면 나만의 블록을 삭제할 수 있을지 오류메시지를 확인해보고 답해보시오.

3. 나만의 블록에 대한 설명을 올바르지 않은 것은?

❶ 나만의 블록을 이용하면 프로시저로 정의할 수 있다.

❷ 나만의 블록은 매개변수로 숫자만 입력받을 수 있다.

❸ 나만의 블록은 반드시 호출해야 실행된다.

❹ 나만의 블록은 중복되는 코드를 정의하여 사용하면 코드를 단순화할 수 있다.

4. 깃발을 클릭했을 때 말하기 실행순서가 올바른 것은?

① 겨울-여름
③ 겨울-봄-가을-여름

② 봄-여름-가을-여름
④ 겨울-봄-여름-가을

5. 다음 사람 스크립트에 대한 설명으로 올바른 것은?

① 스페이스 키를 눌렀을 때 모양만 변경된다.
② 스페이스 키를 눌렀을 때 움직이기만 한다.
③ 스페이스 키를 누르면 모양을 바꾸며 움직인다.
④ 깃발을 누르면 모양을 바꾸며 움직인다.

스크래치를 이용한 컴퓨팅 사고

학습목표 ··

1. 불편한 상황을 인식하고, 해결해야 할 문제를 정의할 수 있다.
2. 컴퓨팅 사고 요소를 이용해 문제해결 과정을 수행할 수 있다.
3. 스크래치를 통해 자동화할 수 있다.
4. 자동화된 결과를 일반화하여 유사한 문제에 적용할 수 있다.

학습목표 ··

12.1 문제해결을 위한 과정
12.2 점심메뉴 선택하기
12.3 밀린 과제 우선순위 정하기

12.1 문제해결을 위한 과정

문제해결 과정

현재 내가 처한 불편한 상황을 인식하고, 문제를 정확히 정의 내리는 것부터 문제해결의 과정이 시작된다. 문제정의가 이루어졌다면, 문제를 둘러싸고 있는 문제(해결하고자 하는 문제)와 관련된 자료를 수집하고 분류 및 분해하는 과정이 필요하다. 작은 문제로 분해하는 과정에서 패턴을 찾아내어 문제를 해결하거나, 추상화, 알고리즘 등의 과정을 거친 후 일반화하여 문제를 해결한다. 이러한 문제해결 과정에서 컴퓨팅 사고 요소가 적용된다. 그러나 반드시 모든 컴퓨팅 사고 요소를 사용해야 하는 것은 아니다. 문제해결 과정에 따라 선택적으로 요소를 사용하면 된다. 이번 장에서는 '나의 상황에 맞는 점심 메뉴 선택'과 '밀린 과제 우선순위 정하기' 문제를 컴퓨팅 사고와 스크래치를 이용하여 해결해 본다.

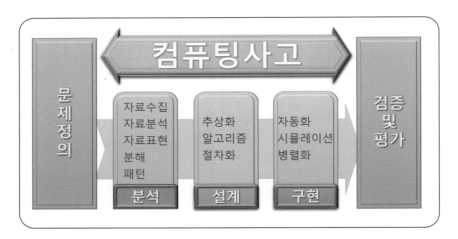

12.2 점심메뉴 선택하기

문제를 인식하여 본래의 문제를 정의하기

오전 수업이 끝난 Abby, Avery, Devin은 무척 배가 고팠다. 현재 1시간의 점심시간이 있다. Abby와 친구들은 랜덤하게 고르는 점심 메뉴가 아닌 나의 경제 상황, 시간의 여유, 선호음식 등을 고려하여 최선의 메뉴를 선택할 수 있는 '점심 메뉴 정하기' 앱이 있다면 좋겠다고 생각했다.

문제인식	Abby는 오전 수업이 끝나고 친구들과 점심을 먹고자 한다. 하지만 점심으로 지불할 수 있는 금액과 시간이 한정되어 있다. 점심을 어떻게 해결하면 좋을까?
문제정의	'내 상황을 고려한 점심 메뉴선택 앱이 필요해~!'

현재 나의 상태 알기

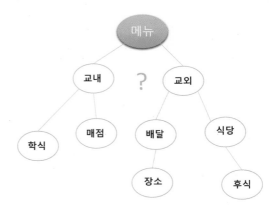

메뉴선택 문제

분석

자료수집

현재 나와 친구들의 상태

	돈	비선호	선호	시간
Abby	7000원	없음	김치찌개	1시간
Devin	6000원	자장면	없음	1시간
Avery	10000원	학생식당(백반)	떡볶이	40분

선택 가능한 점심 메뉴

	교 내					
	메뉴	금액	시간	메뉴	금액	시간
학생식당	백반	5000원	40분	라면 김밥	1500원 1500원	30분
매점(편의점)	컵라면 삼각김밥	1500원 1300원	20분	떡볶이 핫바	2500원 1500원	20분
	샌드위치 음료	2000원 1500원	20분	편의점 도시락	4500원	20분

	교 외					
	메뉴	금액	시간	메뉴	금액	시간
배달	치킨	25000원	60분	자장면	6000원	30분
	피자	25000원	60분	배달/도시락	17000원	40분
식당	불고기/백반	8000원	90분	김치찌개	7000원	90분

분해

선호 vs 비선호
세 명의 친구 중 한 명이라도 좋아하지 않는 메뉴가 있다면 선택에서 제외하기 위해 선호와 비선호 부분으로 분해한다.

선호	비선호
김치찌개 떡볶이	자장면 백반

시간 내 vs 시간 외
세 명의 친구 중 한 명이라도 시간이 부족하다면 선택에서 제외하기 위해서 세 명이 점심시간으로 소비할 수 있는 시간 중에 최소시간으로 분해한다.

시간 내	시간 외
백반 분식 컵라면과 삼각김밥 떡볶이와 핫바 샌드위치와 음료 편의점 도시락 치킨 피자 자장면 배달도시락	불고기 백반 김치찌개

금액 내 vs 금액 외
치킨 피자 등은 세 명의 친구들이 같은 금액을 지불해야함으로, 메뉴는 점심값으로 지불할 수 있는 최소 비용을 기준으로 분해한다.

비용 지불 가능한 메뉴	비용 지불 불가능한 메뉴
백반 분식 컵라면과 삼각김밥 떡볶이와 핫바 샌드위치와 음료 편의점 도시락 자장면 배달도시락 김치찌개	치킨 피자 불고기백반

배달 가능 vs 배달 불가능

배달 가능	배달 불가능
치킨 피자 배달도시락 자장면	백반 분식 컵라면과 삼각김밥 떡볶이와 핫바 샌드위치와 음료 편의점 도시락 불고기 백반 김치찌개

설계

추상화

추상화 과정에서 덜 중요한 정보는 제거하고 문제해결을 위한 중요한 정보만 남긴다. 점심 메뉴 선택은 돈과 시간이 가장 중요한 값이기 때문에 소요시간과 소요금액으로 추상화한다.

메뉴
메뉴명 소요금액 소요시간

알고리즘

다음 알고리즘은 점심으로 지불할 수 있는 금액, 시간 그리고 함께 점심 먹을 인원을 입력받은 후, 앱이 처음 시작될 때 이미 저장된 메뉴들의 금액과 소요될 예상 시간을 계산하여 점심식사로 가능한 메뉴를 [메뉴리스트]에 추가하는 알고리즘이다. 여기서 점심값으로 사용할 수 있는 최대금액은 여러 명이 가지고 있는 돈의 최소금액을 의미하고, 점심시간으로 사용할 수 있는 최대시간은 여러 명이 사용할 수 있는 시간의 최소시간을 의미한다.

순서도로 나타낸 시간, 금액을 고려하여 주문 가능한 메뉴 [메뉴리스트]에 추가하기

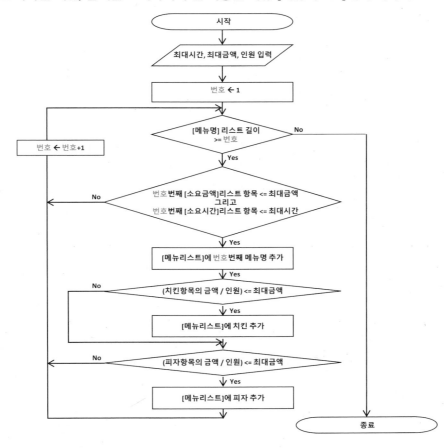

치킨과 피자는 친구들과 함께 먹는 것으로 하여 금액은 인원으로 균등분할하여 금액을 계산한다. 메뉴명 리스트의 길이만큼 반복하여 메뉴명 항목 위치와 동일한 소요금액 리스트 위치 항목(값)과 소요시간 리스트 위치 항목(값)을 입력된 값(최소금액, 최소시간)과 비교하여 메뉴리스트에 추가한다. 아래 블록 코드에서 [메뉴명]리스트 크기만큼 반복하여 [소요금액]리스트의 [번호]번째 항목(값)이 [최대금액]이하이면서, [소요시간]리스트의 [번호]번째 항목(값)이 [최대시간]이하에 해당하는 [메뉴명]리스트의 항목을 [메뉴리스트]에 추가한다. 블록 코드 그리고 를 이용하여 아래와 같이 작성해도 된다.

블록으로 나타낸 시간, 금액을 고려하여 주문 가능한 메뉴 [메뉴리스트]에 추가하기

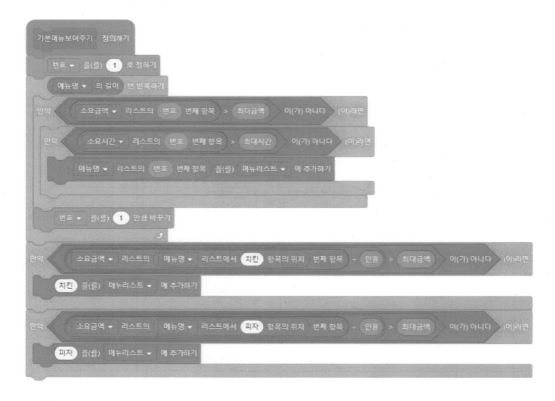

　　다음은 메뉴리스트에서 점심으로 선택하고 싶지 않은 메뉴를 삭제하는 알고리즘이다. 메뉴리스트의 메뉴가 1개가 남을 때까지 선호하지 않는 메뉴를 메뉴리스트에서 삭제한다. 메뉴가 2개 이상을 초과하더라도 스페이스키가 눌렸다면 메뉴 삭제가 진행되지 않고 프로그램이 끝난다.

순서도로 나타낸 [메뉴리스트]에서 비선호 메뉴 삭제하기

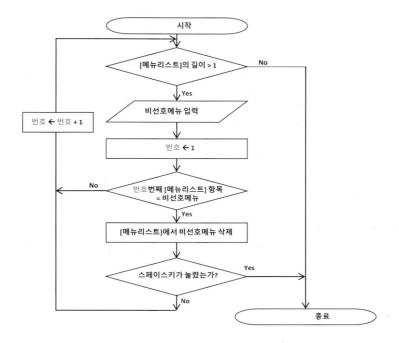

블록으로 나타낸 [메뉴리스트]에서 비선호 메뉴 삭제하기

구현

이번 예제에서 사용될 변수, 리스트 그리고 함수는 다음과 같다.

변수와 리스트		설명
변수	최대시간	점심시간으로 소비할 수 있는 시간(가장 적은 여유시간이 있는 친구 시간을 기준으로 함)
	최대금액	점심으로 사용할 수 있는 1인당 최대금액(함께 점심 먹는 친구 중 최소금액을 지불 금액의 최대금액으로 책정. 치킨, 피자와 같은 메뉴는 함께 시켜 먹기 때문 [1/인원])
	인원	함께 점심 먹는 친구 수
	번호	리스트 항목의 위치를 검색하기 위해 사용되는 번호
리스트	메뉴리스트	최대시간과 최대금액으로 주문할 수 있는 메뉴리스트
	메뉴명	현재 앱에 설정된 메뉴들의 이름
	소요금액	현재 앱에 설정된 메뉴들의 금액
	소요시간	현재 앱에 설정된 메뉴를 주문한 후부터 점심을 먹을 수 있는 시간(주문및배달시간) + 10분(식사시간)

나만의 블록	설명
기본메뉴보여주기	최대시간과 최대금액으로 주문할 수 있는 메뉴리스트를 만드는 나만의 블록
메뉴삭제하기	메뉴리스트에서 점심으로 원하지 않는 메뉴를 삭제할 수 있는 기능을 구현하는 나만의 블록
종료	프로그램 종료. 메뉴리스트에 메뉴가 1개가 있거나 스페이스키를 누를 때 호출되는 나만의 블록

리스트의 [가져오기] 기능을 이용하여 기본 데이터 입력하기

앱 구현 및 테스트 하기 위한 기본 데이터(주문 가능한 메뉴)가 필요하다. 리스트를 만든 후 기본 데이터를 다음과 같이 리스트의 [가져오기] 기능을 이용하여 입력한다(리스트에 오른쪽 마우스를 클릭하면 가져오기, 내보내기 메뉴가 보인다).

앱이 실행되면 가장 먼저 최대로 소비할 수 있는 금액과 최대로 소비할 수 있는 시간 그리고 함께 점심식사 할 인원을 묻고 대답하기 블록을 이용해 입력값을 변수에 저장한다. 입력값에 따라 주문 가능한 메뉴를 메뉴리스트로 보여준다. 메뉴리스트가 보여진 후, 스페이스키를 누르면 나만의 블록인 '종료'를 호출하여 프로그램이 종료된다. 스페이스키가 눌리지 않았다면 나만의 블록인 '메뉴삭제하기'가 호출되어 비선호 메뉴를 삭제한다. 최종적으로 하나의 메뉴가 남는다면 해당 메뉴를 추천한다. 선호하지 않는 메뉴를 삭제하면서 더이상 비선호 메뉴가 없다면 언제든지 스페이스키를 누르고 앱을 종료한다.

프로그램의 메인 블록코드

```
클릭했을 때
  메뉴리스트 ▾ 의 항목을 모두 삭제하기
  최대금액 ▾ 을(를) 0 로 정하기
  최대시간 ▾ 을(를) 0 로 정하기
  인원 ▾ 을(를) 0 로 정하기
  점심으로 얼마를 쓸까? 라고 묻고 기다리기
  최대금액 ▾ 을(를) 대답 로 정하기
  점심시간은 몇분을 쓸 수 있니? 라고 묻고 기다리기
  최대시간 ▾ 을(를) 대답 로 정하기
  몇명이 함께 먹지? 라고 묻고 기다리기
  인원 ▾ 을(를) 대답 로 정하기
  기본메뉴보여주기
  싫어하는 메뉴가 없다면 스페이스키를 누르면 돼~! 을(를) 3 초 동안 말하기
  무한 반복하기
    만약 스페이스 ▾ 키를 눌렀는가? (이)라면
      종료
    아니면
      메뉴삭제하기
```

다음은 점심으로 지불 가능한 금액, 소비할 수 있는 시간, 인원으로 주문 가능한 메뉴리스트를 만드는 나만의 블록이다.

[기본메뉴보여주기] 정의하기

다음 블록 코드는 비선호하는 메뉴를 메뉴리스트에서 삭제하는 기능을 구현하는 블록이다. 메뉴리스트의 길이가 1개 이하로 되면 프로그램을 종료한다.

비선호 메뉴를 메뉴리스트에서 삭제

다음은 메뉴리스트의 메뉴가 1개가 남았거나 스페이스 키가 눌렸을 때 프로그램을 종료하는 블록이다.

프로그램 종료

검증

Abby와 친구들은 각자 지불할 수 있는 금액과 시간을 입력하고 선택할 수 있는 메뉴를 확인한다.

앱 시작

[메뉴리스트]에 선택 가능한 메뉴 보여주기

비선호 메뉴 삭제하기

최종적으로 하나의 메뉴 선택

12.3 밀린 과제 우선순위 정하기

문제를 인식하여 본래의 문제 정의하기

새내기 Dee는 기말고사를 앞두고 밀린 과제를 시작하려고 했으나 제출해야 할 과제의 수가 많아서 어느 과제를 먼저 시작해야 할지 막막했다. 누군가 과제 해결을 위한 우선순위를 정해준다면 과제수행이 훨씬 쉬울거라 생각했다. Dee는 이번 학기에 배운 컴퓨팅 사고 이론과 스크래치를 이용하여 '과제가 밀렸을 때 어떤 과제를 먼저 하는 것이 학점에 유리한가?'에 대한 답을 찾아보기로 했다.

Dee는 자신이 처해있는 문제를 인식하고 다음과 같이 문제를 정의하게 된다.

문제인식	Dee는 친구들 모임과 취미활동 등으로 시간을 보내던 어느 날 과제 제출일이 다가옴을 인식하게 되며, 과제가 많이 밀렸음을 깨닫게 된다.
문제정의	'과제 수행 우선순위를 정해보자~!'

분석

자료수집

Dee는 자신이 수행해야 할 과제를 아래와 같이 표로 정리했다. 표로 정리를 했더니 내가 수행해야 할 과제가 한눈에 보였다.

NO	과제명	과제형태	이수구분	학점	제출기한	과제점수	과제수행 시간
1	글쓰기	개인	교양	2	10일	15	3시간
2	회로이론	개인	전공	3	7일	20	6시간
3	창의코딩	개인	교양	2	5일	20	2시간
4	운영체제	개인	전공	3	6일	20	4시간
5	스포츠와 건강	개인	교양	2	3일	10	2시간
6	기초영어	개인	교양	2	2일	15	3시간
7	프로그래밍언어	팀	전공	3	15일	20	12시간

분해

Dee는 수행해야 할 과제를 표로 정리하니 총 7개의 과제를 수행해야 했다. 과제별로 수행에 필요한 시간, 제출해야 하는 제출기한, 과제에 부여된 과제점수, 이수 형태가 모두 달랐다. 우선 수행할 과제를 선택하기 위해서는 중요한 항목에 높은 점수를 부여하고, 덜 중요한 항목에는 상대적으로 낮은 점수를 부여할 필요가 있었다.

Dee는 우선 학점이 높은 과제, 과제수행 시간이 짧은 과제, 제출기한이 짧은 과제에 높은 가중치 점수를 부여하기 위한 분해 과정을 거쳐 아래 표와 같은 결과를 얻었다. Dee는 항목별 분해 기준을 정하기로 하고 다음과 같이 분해했다.

이수구분

전공과목	교양과목
회로이론 운영체제 프로그래밍언어	글쓰기 창의코딩 스포츠와 건강 기초영어

학점

3학점 미만	3학점 이상
글쓰기 창의코딩 스포츠와 건강 기초영어	회로이론 운영체제 프로그래밍언어

제출일

2일 이내	2일 이후 ~ 1주일 이내	1주일 이후
기초영어	스포츠와 건강 회로이론 창의코딩 운영체제 프로그래밍언어	글쓰기

과제 수행에 걸리는 시간	
3시간 이하	**3시간 초과**
글쓰기 창의코딩 스포츠와 건강 기초영어	회로이론 운영체제 프로그래밍언어

과제형태	
팀과제	**개인과제**
프로그래밍언어	글쓰기 회로이론 창의코딩 운영체제 스포츠와 건강 기초영어

설계

추상화

Dee는 지금까지 정리해놓은 자료를 이용하여 자동화를 해 놓는다면 유사한 문제를 만났을 때 적용할 수 있을 거라 생각했다. 가장 먼저 현실에 존재하는 과제들(글쓰기, 회로이론 등)이 객체이기 때문에, 이들 객체의 공통적인 중요한 속성들을 추출하여 클래스로 정의한 후, 최종적으로 스크래치 프로그래밍(자동화)를 위해 다음과 같이 추상화하였다.

과목
과목명 제출기한 학점 수행기간

가중치
가중치 점수

알고리즘

가중치 값에 따라 우선순위를 정하기 위해서는 과목별 항목이 갖는 가중치 값을 적용한 후, 모든 과목의 가중치 합을 구한다. 그런 다음 과목별 가중치 값의 총합을 비교하여 최대값부터 최소값까지 정렬한다. 정렬을 통해 먼저 수행해야 하는 과목과 나중에 수행해야 하는 과목을 선택할 수 있다. 여기서는 가중치를 부여한 후 가중치들의 합을 구하기 위한 알고리즘을 순서도로 표현한다.

아래 표는 과목별 가중치 값을 부여한 기준을 보여준다. 과제수행시간은 짧을수록 가장 빠르게 과제를 끝낼 수 있어서 높은 가중치 값을 부여하고, 남아있는 제출기한이 짧을수록 빨리 과제를 끝내야 하기 때문에 가중치 값을 높게 부여한다. 또한 과제점수가 높은 과제를 먼저 끝내는 것이 학점에 유리하기 때문에 과제점수가 큰 것부터 가중치 값을 높게 부여한다.

가중치 값	과제수행시간 (단위:시간)	제출기한 (단위:일)	과제점수 (단위:점)
3점	3시간 미만	3일 미만	20점 이상
2점	5시간 미만	8일 미만	15점 이하
1점	5시간 이상	8일 이상	10점 이하

아래 순서도는 추상화 과정에서 추출해 놓은 과목별 속성들에 가중치 값을 부여하기 위한 절차를 표현한 것이다.

순서도로 나타낸 과목별 가중치 합

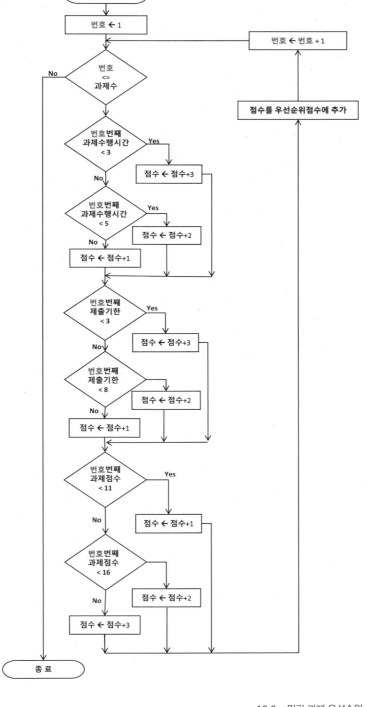

다음은 과목별 가중치 값을 부여하고 합하는 과정의 블록 코드이다.

블록으로 나타낸 과목별 가중치 값 부여하고 합하기

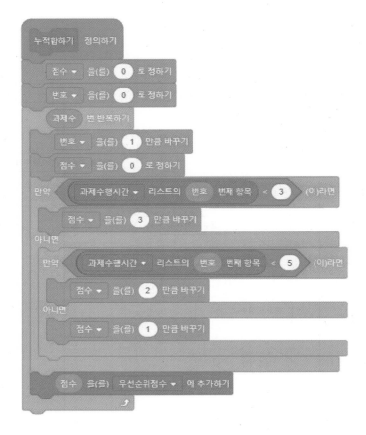

과목별로 부여된 가중치 값을 합하여 우선순위점수 리스트에 순차적으로 추가하고, 가장 큰 값부터 내림차순으로 정렬한다. 이때 사용되는 알고리즘은 선택정렬을 사용한다.

내림차순 정렬(선택정렬)

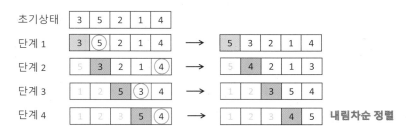

순서도로 나타낸 내림차순 정렬(선택정렬)

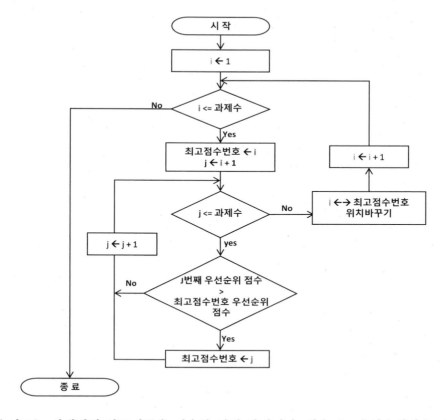

위 순서도는 선택정렬 알고리즘을 이용한 정렬 방법이다. 변수 i는 우선순위점수 리스트의 첫째 항목 위치로 초기화한다. 이 값을 최대값 위치로 가정하고 변수 최고점수번호에 변수 i의 값을 저장한다. 변수 j는 비교해야 하는 위치로 처음 시작을 i+1의 위치로 한다. 즉, 우선순위점수 리스트에서 최고점수번호(i) 위치 항목과 j위치 항목을 비교한다. 이때 j위치 항목(값)이 최고점수번호(i) 위치 항목(값)보다 크다면 변수 최고점수번호의 값을 변수 j의 값으로 바꾼 후, j에 1을 더하여 최고점수번호(i) 위치 항목과 j+1(즉, i+2) 위치 항목의 크기를 다시 비교하여, 큰 값의 위치를 변수 최고점수번호 값으로 바꾼다. 이렇게 j를 우선순위점수 리스트 크기만큼 반복한다. j가 과제수보다 커지면 더 이상 반복하지 않고, i위치 항목(값)과 최고점수번호의 항목(값)을 바꾼다. 이러한 방법으로 i가 우선순위점수 리스트 크기만큼 반복하여 큰 값부터 작은 값으로 정렬한다.

아래 블록 코드는 선택정렬 알고리즘을 이용한 코드이다.

블록으로 나타낸 내림차순 정렬(선택정렬)

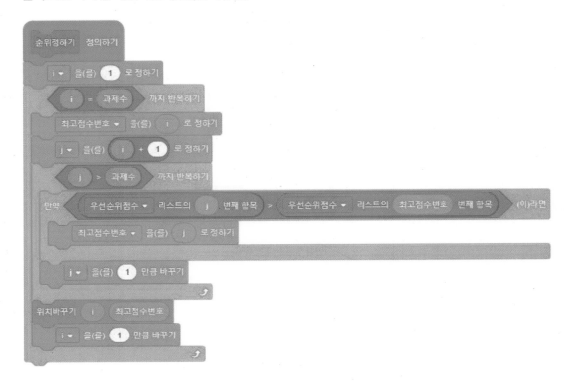

다음의 항목(값) 바꾸기 그림은 위 정렬과정에서 i위치 항목 값과 최고점수번호가 나타내는 위치의 항목(값)을 바꾸는 방법에 대한 설명이다. 빈잔(A), 오렌지주스(B), 포도주스(C)가 담긴 잔 세 개가 있다. B잔에 담긴 오렌지주스와 C잔에 담긴 포도주스를 서로 바꿔 담으려고 할 때, 가장 먼저 B잔의 오렌지주스를 비어있는 A잔에 담는다. 그런 후 C잔에 있는 포도주스를 B잔에 담는다. 마지막으로 A잔에 있는 오렌지주스를 C잔에 담으면서 바꾸기 완성한다. 물론, 현실에서는 B잔에 오렌지주스를 A잔에 옮겨 담을 때, B잔이 비워지지만 컴퓨터는 비워지지 않고, A잔과 B잔이 동일한 데이터를 가지고 있다가 C잔의 데이터가 B잔으로 복사될 때 B잔에 있는 데이터는 지워지고 C잔에서 복사된 데이터만 남는다.

항목(값) 바꾸기

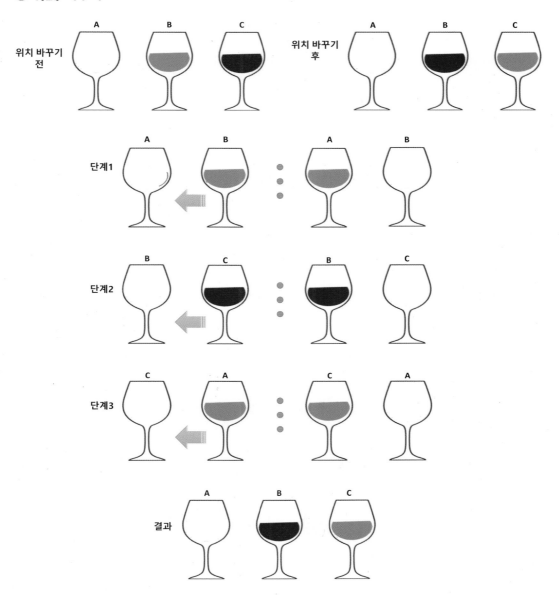

위 주스를 옮겨 담는 알고리즘과 동일하게 리스트의 값을 바꾸는 과정을 순서도로 나타내면 다음과 같다. 임시변수를 이용하여 우선순위점수 리스트의 i번째 항목의 값과 변수인 최고점수번호가 나타내는 우선순위점수 위치의 항목(값)을 바꾸는 알고리즘을 순서도로 나타낸 것이다.

순서도로 나타낸 항목(값) 바꾸기

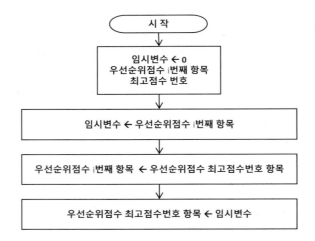

아래 블록은 위 순서도로 나타낸 알고리즘을 이용하여 값을 바꾸는 블록 코드이다.

블록으로 나타낸 항목(값) 바꾸기

구현

불편한 상황에 대한 정확한 인식과 함께 해결하고자 하는 문제에 대한 문제 정의 후, 자료수집하고 분석한다. 그리고 프로그램에 적용할 수 있도록 추상화 과정을 거쳐 알고리즘을 만들어 프로그램 구현을 위한 과정을 거친다. 다음은 프로그램의 전체 흐름을 보여준다.

프로그램 작업 시, 가장 먼저 변수와 리스트에 대한 정리가 필요하다. 사용할 변수와 리스트 그리고 나만의 블록은 다음과 같다.

변수와 리스트		설명
변수	과제수	과제수를 입력받아 과제수만큼 반복하기 위해 과제수를 저장하는 변수
	번호	누적합 구할 때 리스트 위치를 나타내는 번호를 저장하는 변수
	점수	과목별 가중치값 계산한 점수를 저장하는 변수
	최고점수번호	정렬하기 위해 선택비교 시 우선순위 점수 리스트에서 최고점수 항목의 위치번호를 저장하는 변수
	i	정렬할 때 비교할 기준이 되는 위치를 저장하는 변수 예, 만약 i항목을 j(i+1)항목부터 j+n항목까지 비교
	j	정렬할 때 비교되는 항목의 위치를 저장하는 변수
	임시변수	큰 값과 작은 값을 서로 교환할 때 사용되는 임시변수
리스트	과제명	과제명을 저장하는 리스트
	과제수행시간	과제수행에 필요한 시간을 저장하는 리스트(단위:시간)
	과제점수	과제 점수를 저장하는 리스트 (단위:점)
	제출기한	과제 제출 기한을 저장하는 리스트 (단위:일)
	우선순위점수	과제별로 가중치 값을 부여한 후 누적된 값을 저장하는 리스트

나만의 블록	설명
누적합하기	과제별 속성들의 가중치 값을 누적하여 합하기 위한 나만의 블록
순위정하기	우선순위점수 리스트 항목 값들을 비교하여 정렬하는 나만의 블록
위치바꾸기 ◯ ◯	우선순위점수 리스트 항목 값을 비교하여 작은 값과 큰 값을 바꾸는 나만의 블록

아래는 프로그램 전체 코드이다. 프로그램 과제 수를 입력받은 후, 과제 수만큼 반복하여 과제명, 과제 수행시간, 과제 점수, 제출기한을 '묻고 기다리기' 블록으로 입력받는다.

과목 수만큼 반복하여 속성값 입력

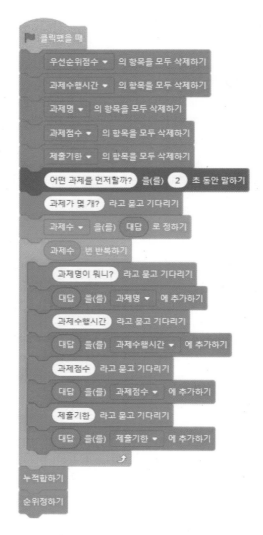

기능별(모듈별)인 과목별 가중치들의 합, 내림차순 정렬, 항목(값) 바꾸기를 다음과 같이 나만의 블록으로 구현한다.

과목별 가중치 합

```
누적합하기   정의하기
  점수 ▼ 을(를) 0 로 정하기
  번호 ▼ 을(를) 0 로 정하기
  과제수 번 반복하기
    번호 ▼ 을(를) 1 만큼 바꾸기
    점수 ▼ 을(를) 0 로 정하기
    만약  과제수행시간 ▼ 리스트의 번호 번째 항목 < 3  (이)라면
      점수 ▼ 을(를) 3 만큼 바꾸기
    아니면
      만약  과제수행시간 ▼ 리스트의 번호 번째 항목 < 5  (이)라면
        점수 ▼ 을(를) 2 만큼 바꾸기
      아니면
        점수 ▼ 을(를) 1 만큼 바꾸기

    만약  제출기한 ▼ 리스트의 번호 번째 항목 < 3  (이)라면
      점수 ▼ 을(를) 3 만큼 바꾸기
    아니면
      만약  제출기한 ▼ 리스트의 번호 번째 항목 < 8  (이)라면
        점수 ▼ 을(를) 2 만큼 바꾸기
      아니면
        점수 ▼ 을(를) 1 만큼 바꾸기

    만약  과제점수 ▼ 리스트의 번호 번째 항목 < 11  (이)라면
      점수 ▼ 을(를) 1 만큼 바꾸기
    아니면
      만약  과제점수 ▼ 리스트의 번호 번째 항목 < 16  (이)라면
        점수 ▼ 을(를) 2 만큼 바꾸기
      아니면
        점수 ▼ 을(를) 3 만큼 바꾸기

    점수 ▼ 을(를) 우선순위점수 ▼ 에 추가하기
```

순위정하기

위치바꾸기 i 최고점수 번호 정의하기

임시변수 ▾ 을(를) 우선순위점수 ▾ 리스트의 i 번째 항목 로 정하기

우선순위점수 ▾ 리스트의 i 번째 항목을 우선순위점수 ▾ 리스트의 최고점수 번호 번째 항목 으로 바꾸기

우선순위점수 ▾ 리스트의 최고점수 번호 번째 항목을 임시변수 으로 바꾸기

임시변수 ▾ 을(를) 과제점수 ▾ 리스트의 i 번째 항목 로 정하기

과제점수 ▾ 리스트의 i 번째 항목을 과제점수 ▾ 리스트의 최고점수 번호 번째 항목 으로 바꾸기

과제점수 ▾ 리스트의 최고점수 번호 번째 항목을 임시변수 으로 바꾸기

임시변수 ▾ 을(를) 과제명 ▾ 리스트의 i 번째 항목 로 정하기

과제명 ▾ 리스트의 i 번째 항목을 과제명 ▾ 리스트의 최고점수 번호 번째 항목 으로 바꾸기

과제명 ▾ 리스트의 최고점수 번호 번째 항목을 임시변수 으로 바꾸기

임시변수 ▾ 을(를) 과제수행시간 ▾ 리스트의 i 번째 항목 로 정하기

과제수행시간 ▾ 리스트의 i 번째 항목을 과제수행시간 ▾ 리스트의 최고점수 번호 번째 항목 으로 바꾸기

과제수행시간 ▾ 리스트의 최고점수 번호 번째 항목을 임시변수 으로 바꾸기

임시변수 ▾ 을(를) 제출기한 ▾ 리스트의 i 번째 항목 로 정하기

제출기한 ▾ 리스트의 i 번째 항목을 제출기한 ▾ 리스트의 최고점수 번호 번째 항목 으로 바꾸기

제출기한 ▾ 리스트의 최고점수 번호 번째 항목을 임시변수 으로 바꾸기

항목(값) 바꾸기

순위정하기 정의하기

i ▾ 을(를) 1 로 정하기

i = 과제수 까지 반복하기

최고점수번호 ▾ 을(를) i 로 정하기

i ▾ 을(를) i + 1 로 정하기

i > 과제수 까지 반복하기

만약 우선순위점수 ▾ 리스트의 i 번째 항목 > 우선순위점수 ▾ 리스트의 최고점수번호 번째 항목 (이)라면

최고점수번호 ▾ 을(를) i 로 정하기

i ▾ 을(를) 1 만큼 바꾸기

위치바꾸기 i 최고점수번호

i ▾ 을(를) 1 만큼 바꾸기

검증

수행해야 하는 과제들을 정리한 후 과제 수행 우선순위를 정하기 위해 중요한 과제 속성만을
추출하여 가중치를 부여하고, 과목별 가중치 값을 합하여 우선순위를 결정하였다. 다음은 과제
별 실제 데이터를 입력하고 실행하여 우선순위를 얻어내는 검증 과정을 보여준다.

앱 시작과 함께 과제 수 묻기

과제 수만큼 과제 속성 값 입력하기

과목별 가중치 값에 의해 우선순위 정렬

1. 이번 장에서 학습한 내용을 기반으로 다양한 경우에 발생할 수 있는 문제들을 컴퓨팅 사고를 이용해서 해결하고, 더 나아가 스크래치를 통해 자동화도 해보자.

예시	
일상생활	핸드폰을 잃어버렸을 때의 문제해결
	불규칙한 수면 습관을 건강한 수면 습관으로 바꾸기
	합리적 소비 습관을 통해 용돈 남기기
	지각하지 않는 방법
동아리와 기타 활동 행사 진행에 대한 계획	체육대회 진행 시 발견된 문제점이 있다면?
	기말고사 후 MT 계획이 있고, 그 때 해결해야 하는 이슈가 있다면?
	동아리에서 봉사 계획이 있다면?
	동아리 회장 선거에서 후보자를 효과적으로 홍보할 수 있는 방법은?
전공분야 및 관심분야	궁금한 원리
	논리에 대한 문제정의 후 문제해결
그 외 기타	모든 불편한 상황에 대한 문제해결 방법 찾아가기

COMPUTATIONAL THINKING
Using SCRATCH

게임 만들기 프로젝트

학습목표 ···

1. 게임 프로젝트 제작에 컴퓨팅 사고를 적용하여 문제를 해결할 수 있다.
2. 스크래치를 이용하여 간단한 게임을 제작할 수 있다.
3. 스크래치를 이용하여 다양한 프로젝트를 완성할 수 있다.

학습목차 ···

13.1 프로젝트 제작 과정

제작하고자 하는 프로젝트가 있다면 Brain Storming을 통해 아이디어를 수집하고 기초 기획서를 작성한다. 기획서 작성이 완성되었다면 프로젝트 제작에 필요한 그래픽을 프로젝트(게임 등)에 맞게 배경, 캐릭터, 아이템 등을 선택하거나 제작한다. 또한 필요에 따라 효과음, 배경 음악 등도 제작하거나 선택한 후, 게임 프로그램 콘셉트에 따라 개발을 진행한다. 프로그램 개발이 끝나면 테스트와 검증 과정을 거쳐 완성한다. 이번 장에서는 프로젝트 제작 과정 각 단계마다 컴퓨팅 사고를 적용하여 게임 프로젝트를 완성한다.

프로젝트 제작 과정

도시 앵무새 장애물 피하기

- 게임 아이디어 생각하기
- 장애물 게임 정의하기
- 앵무새 캐릭터 정의하기
- 장애물과 아이템 정의하기

- 게임 분석 하기
  - 앵무새 캐릭터, 장애물, 아이템 동작 분석 하기
- 설계 하기
  - 앵무새동작과 스프라이트 기능별 분해
  - 타이머와 목숨 처리 알고리즘 설계
- 구현

- 테스트 및 검증하기

13.2 도시 앵무새 장애물 피하기

게임 정의하기

게임 스토리는 도시에서 한 앵무새가 장애물을 피해 날아가며 장애물에 부딪히게 되면 목숨 하나를 잃고, 아이템을 획득하면 타이머 값을 3 감소시키며, 60초를 버텨내면 승리하는 게임이다.

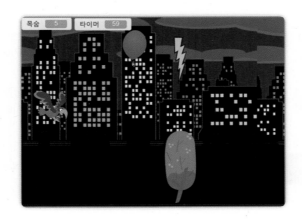

게임분석

게임 스토리가 만들어졌다면 스토리에 맞는 프로그램을 만들기 위해서 게임 프로그래밍의 주요 요소를 다음과 같이 정의한다.

게임 프로그래밍 주요 요소	설명
주인공 캐릭터	사용자 키보드 조작으로 움직여 장애물 캐릭터를 피해 60초 버티기
장애물 캐릭터	여러 장애물이 무작위 시간에 나타나서 주인공을 방해. 주인공 캐릭터가 장애물에 부딪히면 목숨 1 감소
아이템	주인공 캐릭터가 획득하면 타이머 값이 3초 감소(즉, 타이머가 빠르게 감소)
배경	배경을 움직이게 하여 주인공이 움직이는 것처럼 보이는 효과가 나타남
사용자 화면 구성	화면에 타이머와 목숨을 표시하여 게임 상태 정보를 알려줌
게임 끝을 알림	게임이 끝났음을 화면에 표시

여기에서 게임 제작에 필요한 이미지는 스크래치로 만들 게임이기 때문에 캐릭터에 맞는 스프라이트와 배경을 스크래치에서 제공하는 스프라이트와 배경으로 고른다. 물론 필요에 따

라 이미지를 외부에서 가져다가 쓸 수도 있다. 배경음악으로 쓸 수 있는 소리 파일도 확인하여 다음과 같이 게임에 필요한 스프라이트를 선택한다.

스프라이트		설명
주인공 캐릭터	Parrot	앵무새 캐릭터는 목숨 5를 갖고, 장애물을 피해 날아가며 60초 동안 버티면 게임을 이김
장애물 캐릭터	Trees	Trees는 장애물로서 (x:250, y:-105)에서 출발하여 x가 −250보다 작아지면, 0.2~1.5초 사이의 무작위 초만큼 기다린 후 다시 출발
	Lightning	Lightning은 장애물로서 (x:250, y:(90~140 사이의 난수))에서 출발하여 x가 −250보다 작으면, 0.2~1.5초 사이의 무작위 초만큼 기다린 후 다시 출발
	Balloon1	Balloon1은 장애물로서 (x:(50~200 사이의 난수), y:(50~200 사이의 난수))에서 출발하여 (x:-250, y:(50~200 사이의 난수))에 도착하면 0.5~2초 사이의 무작위 초만큼 기다린 후 다시 출발
움직이는 배경	Night City	Night City는 배경이지만 움직이는 배경을 만들기 위해 배경 이미지를 복사하여 스프라이트로 사용
아이템	Orange	게임 아이템으로 무작위 시간, 무작위 위치에 나타남. 앵무새가 먹으면 타이머 값 3 감소
게임끝 스프라이트	YOU LOST 졌다	게임을 잃었을 때 보여지는 스프라이트. 스프라이트의 [그리기]를 이용해서 만듦
	YOU WON 이겼다	게임을 이겼을 때 보여지는 스프라이트. 스프라이트의 [그리기]를 이용해서 만듦
배경 소리파일	Dance Around 15.57	게임이 진행되는 동안 배경음악으로 사용할 소리파일

설계

동작과 기능별 분해

게임 제작에 필요한 스프라이트들의 동작과 기능을 분해하여 살펴본다.

움직이는 배경

앵무새가 날아가는 장면을 연출하기 위해서는 화면이 움직여야 하지만 스크래치에서 배경 동작 블록 코드는 제공되지 않는다. 게임에서 날아가는 앵무새가 화면 밖으로 사라지면 안되기 때문에 앵무새는 동작 변화만 표현하고 배경이 움직이도록 한다. 배경이 움직이는 효과를 보이기 위해서 스크래치 배경 Night City를 스프라이트로 만들어 스프라이트의 움직임으로 움직이는 배경을 만든다.

1. 무대의 [배경 고르기]에서 Night City를 선택한다.

2. [배경탭]을 누른다. 배경 이미지를 백터이미지로 바꾼 후 이미지를 복사한다.

3. 스프라이트 [그리기]를 선택한 후, 복사한 이미지를 붙여넣기 한다.

4. 스프라이트의 움직이는 동작을 블록 코드로 작업한다.
   ❶ 무대의 [배경고르기]에서 Night City를 선택하여 벡터이미지로 바꾼 후 복사한다.
   ❷ 스프라이트의 [그리기]를 선택한 후, Night City를 붙여넣고 '움직이는배경1'로 한다.

   ❸ '움직이는 배경1'을 복사하여 '움직이는 배경2'를 만든다.

두 개의 배경 스프라이트가 공간의 차이를 두고 오른쪽에서 왼쪽으로 움직이도록 블록 코드작성한다. 시작 위치의 x좌표 값에 차이를 두었기 때문에 끊어지지 않고 배경이 움직이는 효과를 볼 수 있다.

❶ 움직이는 배경1

```
📓 클릭했을 때
맨  뒤쪽 ▾  으로 순서 바꾸기
무한 반복하기
  x  0  y:  0  (으)로 이동하기
    10 초 동안 x: -480  y: 0  (으)로 이동하기
```

❷ 움직이는 배경2

```
📓 클릭했을 때
맨  뒤쪽 ▾  으로 순서 바꾸기
무한 반복하기
  x  480  y:  0  (으)로 이동하기
    10 초 동안 x: 0  y: 0  (으)로 이동하기
```

앵무새 동작

앵무새 동작은 키보드의 방향키(↑, ↓)를 이용하여 움직일 수 있도록 구현한다. 장애물에 부딪혔을 때 목숨이 1씩 감소하여 0이 되면 게임을 잃고, 타이머 값이 1보다 작아지면 60초를 견뎌내었기 때문에 게임 승리한다. 게임 진행 중에 아이템(오렌지)을 획득하면 타이머 값을 3만큼 감소시킨다.

[앵무새의 동작], [장애물 부딪혔을 때 목숨 처리], [타이머 동작], [아이템 획득]은 동시에 처리돼야 하므로 병렬 처리로 구현한다. 즉, 초록색 깃발(📓)을 클릭했을 때 동시에 동작해야 한다. 만약, 병렬 처리가 아닌 순차 처리를 한다면 [앵무새 동작]이 끝난 후에 [장애물에 부딪혔을 때 목숨 처리]를 하고, [장애물에 부딪혔을 때 목숨 처리]가 끝난 후에 [타이머 동작]을 한다. 이렇게 되면 하나의 동작이 끝나고 다른 동작을 해야 하기 때문에 게임이 정상적으로 동작하지 않는다.

앵무새의 동작

장애물 부딪혔을 때 목숨 처리

타이머 동작

아이템 획득

장애물 동작

장애물은 총 3개를 배치한다. 각 장애물은 앵무새가 날아가면서 지나치기 때문에 배경과 같이 화면의 오른쪽에서 왼쪽으로 움직인다. 단, 배경은 이미지 이음새가 없이 자연스럽게 움직이도록 똑같은 두 개의 이미지를 사용했지만, 장애물은 단독으로 움직이기 때문에 하나의 이미지가 움

직인다. 장애물들은 처음 장애물이 사라진 후 다음 장애물이 보이는 시간은 0.2초에서 1.5초 사이의 난수로 무작위 시간을 선택하여 나타나기 때문에 장애물들이 각각 다른 타이밍을 갖는다.

1. 나무 장애물은 y좌표는 항상 같고 x좌표만 250에서 −250으로 이동한다.
2. 번개 장애물은 y좌표를 90~140 사이의 난수로 선택하여 무작위 위치에서 시작한다. x좌표는 250에서 −250으로 이동한다.
3. 풍선 장애물은 시작 위치를 (x:(50~200 사이의 난수), y:(50~200 사이의 난수))로 한다. x좌표는 250에서 −250으로 이동한다.

❶ 나무 장애물

❷ 번개 장애물

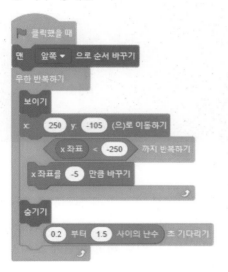

❸ 풍선 장애물

목숨

게임을 진행할 수 있는 조건 중 하나로 초깃값은 5이며, 0이상의 값을 유지해야 한다. 앵무새가 장애물에 부딪히면 1이 감소한다. 변수 이름을 다음과 같이 [목숨]으로 하고 화면에 보이기 체크를 한다.

❶ [목숨] 변수

❷ 목숨 값이 화면에 보임

타이머

게임을 진행할 수 있는 조건 중에 하나로 초깃값은 60이며, 1이상 값을 유지해야 한다. 타이머이기 때문에 1초에 1씩 감소한다. 단, 아이템(오렌지)을 획득하면 타이머가 더 빨리 감소하기 때문에 게임 승률이 더 높아진다. 변수 이름을 다음과 같이 [타이머]로 하고 화면에 보이기 체크를 한다.

❶ [타이머] 변수

❷ 타이머 값이 화면에 보임

배경 음악

게임이 진행되는 동안 연주되는 배경 음악은 타이머 값이 0이하 이거나 주인공 캐릭터의 목숨 값이 0이 되면 재생을 멈춘다. 소리 탭을 선택한 후, [소리 고르기]에서 소리 파일을 Dance Around로 선택한다.

알고리즘

게임 프로그램 제작 시에는 캐릭터의 움직임, 보이기, 사라지기, 소리, 목숨, 타이머 등의 동작에 대한 규칙이 있다. 이러한 규칙을 정의하여 순서도나 의사코드 등으로 만들어 놓은 것을 알고리즘이라고 한다. 여기에서는 타이머와 목숨에 대한 알고리즘을 순서도로 만든 후, 블록 코드로 완성한다.

순서도로 나타낸 타이머 알고리즘

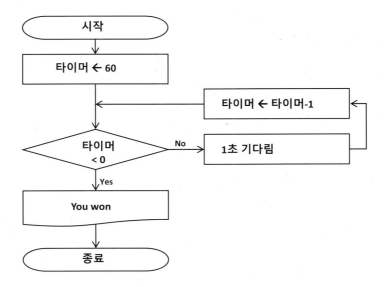

타이머 알고리즘에서는 게임이 시작되면서부터 변수 타이머 초깃값을 60으로 한다. 여기서 60은 1초에 1씩 감소하기 때문에 1분을 의미한다. 게임이 진행되는 동안 규칙적으로 1초에 1

씩 감소한다. 단, 아이템(오렌지)을 획득하면 타이머 변수에 저장된 값이 3만큼 차감되지만, 타이머 알고리즘에 영향을 끼치지는 않는다. 그 이유는 타이머 알고리즘에서는 단순히 타이머 변수에 저장된 값을 1초에 1씩 감소시키는 일만 하기 때문이다. 타이머 변수에 저장된 값이 0 이하가 된다면 60초 동안 장애물을 잘 피해서 도착했기 때문에, 화면에 'YOU WON'을 출력하고 게임이 종료된다.

블록 코드로 나타낸 타이머 알고리즘

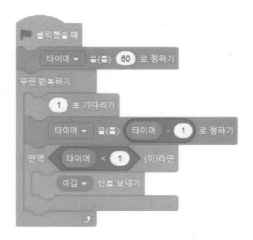

주인공 캐릭터인 앵무새의 목숨처리 알고리즘에서는 게임 시작과 함께 변수 목숨은 5로 초기화한다. 게임이 진행되면서 앵무새가 장애물에 닿는다면 목숨 값이 1씩 감소하며 목숨 값이 0이 되면 화면에 'YOU LOST'를 출력하고 게임은 종료된다.

순서도로 나타낸 목숨처리 알고리즘

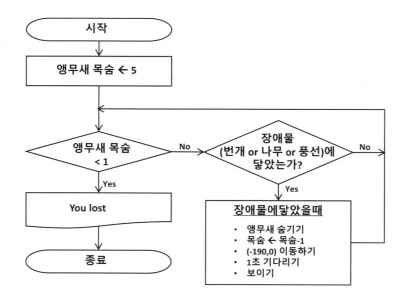

블록 코드로 나타낸 목숨처리 알고리즘

구현

게임 프로그램 작업에서 게임 스토리, 설계 그리고 중요 알고리즘이 만들어졌다면 구체적인 구현단계가 진행된다. 여기에서는 스프라이트별로 구현된 블록으로 설명한다. 프로그램의 전체 화면, 스프라이트 그리고 변수, 나만의 블록, 신호보내기는 다음과 같다.

완성 화면과 스프라이트

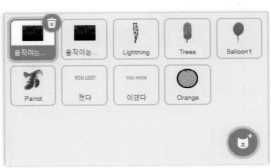

변수, 나만의 블록, 신호보내기

① 변수

☑ 목숨

☑ 타이머

② 나만의 블록

장애물에닿았을때

③ 신호보내기

새로운 메시지

아이템획득

✓ 이김

짐

이김 ▾ 신호 보내기

스프라이트를 준비하면서 크기 조절이 필요하다. 출발 위치는 블록 코드에서 설정하기 때문에 스프라이트의 크기만 다음과 같이 설정한다.

스프라이트	크기	스프라이트	크기
움직이는배경1,2	100	Lightning	55
Trees	80	Balloon1	60
Parrot	40	Orange	70

'움직이는 배경1', '움직이는 배경2' 스프라이트

배경으로 쓰이는 스프라이트이기 때문에 위치는 항상 '맨 뒤쪽으로 순서 바꾸기'를 해 주어야 한다. '10초 동안 이동하기'를 '5초 동안 이동하기'로 바꾸면 더 빠른 움직임의 효과를 볼 수 있다.

① '움직이는 배경1'의 블록 코드

▶ 클릭했을 때
맨 뒤쪽 ▾ 으로 순서 바꾸기
무한 반복하기
x: 0 y: 0 (으)로 이동하기
10 초 동안 x: -480 y: 0 (으)로 이동하기

② '움직이는 배경2'의 블록 코드

▶ 클릭했을 때
맨 뒤쪽 ▾ 으로 순서 바꾸기
무한 반복하기
x: 480 y: 0 (으)로 이동하기
10 초 동안 x: 0 y: 0 (으)로 이동하기

'Lightning' 스프라이트

Lightning 스프라이트가 배경 스프라이트 뒤로 가면 안 되기 때문에 시작과 동시에 '맨 앞쪽으로 순서 바꾸기'를 한다. 출발 위치에서 스프라이트 '보이기'하고 도착 위치(x좌표가 −230)에서 '숨기기'한다. 속도는 'x좌표를 −5만큼 바꾸기'에서 −5를 −10으로 하면 2배로 빠르게 이동한다.

'Trees' 스프라이트

'Trees' 스프라이트는 배경 스프라이트 뒤로 가면 안 되기 때문에 시작과 동시에 '맨 앞쪽으로 순서 바꾸기' 한다. 출발 위치에서 스프라이트 '보이기'하고 도착 위치(x좌표가 −250)에서 '숨기기'한다. 속도는 'x좌표를 −5만큼 바꾸기'에서 −5를 −10으로 하면 2배로 빠르게 이동한다.

'Balloon1' 스프라이트

'Balloon1' 스프라이트는 배경 스프라이트 뒤로 가면 안 되기 때문에 시작과 동시에 '맨 앞쪽으로 순서 바꾸기' 한다. 출발 위치에서 스프라이트 '보이기'하고 도착 위치(x좌표가 −250)에서 '숨기기'한다. 속도는 'x좌표를 −5만큼 바꾸기'에서 −7을 −14로 하면 2배로 빠르게 이동한다. 풍선 색 변경을 위해 '다음 모양으로 바꾸기'를 이용한다.

'졌다' 스프라이트

❶ 게임이 시작하면 '졌다' 스프라이트는 보이지 않는 상태를 유지해야 한다. 따라서 게임 시작 과 함께 '숨기기' 상태로 만든다.

❷ 'Parrot' 스프라이트에서 목숨이 0이 되면 '졌다' 스프라이트에 '짐' 신호를 보내고, '졌다' 스 프라이트는 '짐' 신호를 받아서 'YOU LOST'를 화면에 보이며, 모든 동작을 '멈추기' 한다.

'이겼다' 스프라이트

❶ 게임이 시작되면 '이겼다' 스프라이트는 보이지 않는 상태를 유지해야 한다. 따라서 게임 시 작과 함께 '숨기기' 상태로 만든다.

❷ 'Parrot' 스프라이트에서 목숨이 0이 되면 '이겼다' 스프라이트에 '이김' 신호를 보내고, '이 겼다' 스프라이트는 '이김' 신호를 받아서 'YOU WON'을 화면에 보이며, 모든 동작을 '멈추 기' 한다.

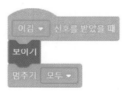

'Orange' 스프라이트

❶ 'Orange' 스프라이트는 배경 스프라이트 뒤로 가면 안 되기 때문에 시작과 동시에 '맨 앞쪽 으로 순서 바꾸기' 한다. 출발 위치에서 스프라이트 '보이기'하고, 출발은 무작위 위치로 설 정한다. x좌표가 −230이 되면 스프라이트는 '숨기기' 상태로 하고 무작위 초만큼 기다린 후 다시 스프라이트 '보이기'로 바꿔 출발한다. 속도는 'x좌표를 −3만큼 바꾸기'에서 −3을 −6 으로 하면 2배로 빠르게 이동한다.

❷ 앵무새가 아이템(오렌지)을 획득하여 타이머 값을 줄이 는 블록 코드이다. 'Parrot' 스프라이트에서 '아이템획득' 신호를 보내고, 'Orange' 스프라이트에서는 '아이템획득' 신호를 받아 변수 '타이머'의 값을 3만큼 차감하고 'Or- ange' 스프라이트는 '숨기기' 상태로 1초를 유지한다.

'Parrot' 스프라이트

❶ 게임 시작과 함께 '보이기' 상태로 설정한다. 게임이 동작하는 동안 키보드의 '위쪽 화살표'
를 누르면 'y좌표를 10만큼 바꾸기'하고, '아래쪽 화살표'를 누르면 'y좌표를 −10 만큼 바꾸
기' 한다. 이때, 화면 위 • 아래로 스프라이트가 사라지지 않도록 '벽에 닿으면 튕기기'를 사
용한다. 배경 스프라이트와 장애물 스프라이트가 움직이기 때문에, 스프라이트 'Parrot'이
앞으로 나는 블록 코드는 작업하지 않는다.

❷ 스프라이트 'Parrot'이 게임 시작과 함께 출발은 좌표 (-190, 0)에서 시작하고, 크기는 40으
로 정한다. 날아가는 모습 연출을 위해 '모양 바꾸기' 블록을 이용한다.

❸ 게임이 진행되는 동안 배경 음악이 흐를 수 있도록 소리 파일을 재생시켜 준다. 타이머가 0
이하 또는 목숨 값이 0이 되면 소리 파일 재생은 멈춘다.

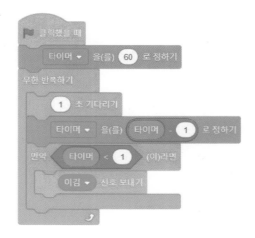

❹ 게임이 시작되면서 변수 '타이머'의 값은 60으로 초기화한다. 1초 기다린 후, '타이머'에서 1
씩 차감하여 타이머를 만든다.

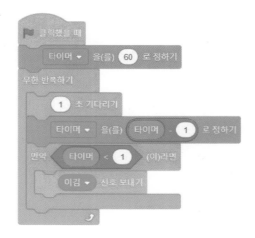

❺ 게임이 시작되면 변수 '목숨'에 초깃값을 5로 정한다. 만약, 장애물에 닿으면 나만의 블록
'장애물에닿았을때'를 호출한다. 나만의 블록 '장애물에닿았을때'에서 스프라이트 'Parrot'
을 '숨기기' 한 후, 변수 '목숨' 값을 1 차감한다. 그런 다음 스프라이트 'Parrot'을 출발 위치
로 이동하고 '보이기' 상태로 바꾼다. 이때, 목숨 값이 0이라면 게임을 진행하지 않고 '짐' 신
호 보내기를 한다. 스프라이트 'Parrot'이 장애물이 아닌 아이템(오렌지)에 닿았다면 '아이
템획득' 신호를 보낸다.

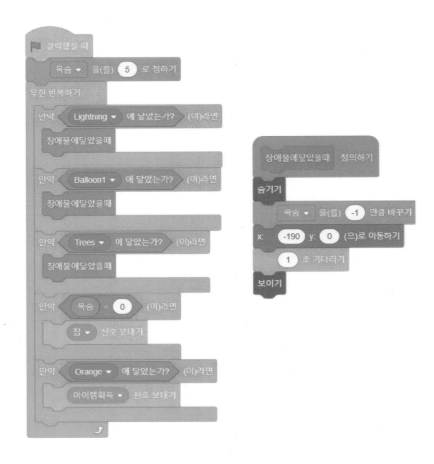

검증

게임 프로그램이 완성이 되었다면, 실행한 후 오류가 있는지 확인하는 절차로 실행해본다.

게임 시작

게임 승패

1. 이번 장에서 학습한 내용을 참고하여 다양한 프로그램을 제작해 보자.

예시	
간단한 게임 제작	가위바위보 게임, tic tac toe 게임, 묵찌빠 게임, 두더지 게임, 탁구 게임, 슈팅 게임 등
교육용 프로그램 제작	한글공부, 숫자공부, 코딩 기초 학습 등을 할 수 있는 앱 만들기

COMPUTATIONAL THINKING
Using SCRATCH

문제해결을 위한
컴퓨팅 사고

인 쇄	2021년 2월 19일
발 행	2021년 2월 25일
저 자	목원대학교 스톡스대학 SW교양학부
발 행 인	채희만
출판기획	안성일
영 업	한석범, 임민정
관 리	이승희
편 집	한혜인, 최은지
발 행 처	**INFINITY**BOOKS
주 소	경기도 고양시 일산동구 하늘마을로 158 대방트리플라온 C동 209호
대표전화	02)302-8441
팩 스	02)6085-0777

도서 문의 및 A/S 지원

홈페이지	www.infinitybooks.co.kr
이 메 일	helloworld@infinitybooks.co.kr
I S B N	979-11-85578-78-1
등록번호	제2021-000018호
판매정가	**14,000원**